奈良大和路の年中行事

写真・文
田中眞人

淡交社

写真による大和の民俗誌

奈良県立民俗博物館学芸課主幹

鹿谷　勲

祭りや芸能などに接しながら、聞き取りの傍ら写真もたくさん撮ってきた。その過程で写真が民俗文化財を記録する方法として、有効な方法であると思いながら、その難しさをも実感してきた。

「傑作」を撮ろうとしたわけではなかったが、目の前に立ち現れる伝統的な暮らしの断面を、単にメモとして機械的にシャッターを押せばいいとも思えなかった。考えたように写真は撮れずもどかしかったが、それは技術の未熟さだけではなかった。奈良県立美術館で見たウィーン生まれのエルンスト・ハース（一九二一～一九八六）の写真展が、それを明確に自覚させてくれた。

「何事もじっとみつめることが肝心だ。」と彼は言う。「あなたとあなたのカメラがあるだけだ。あなたの写真の限界はあなた自身のなかにある。わたしたちに見えるのは、自分と等身大のものだけだから。」という言葉が胸を衝いた。

さまざまな民俗事象を目の前にして、その本質をどのように捉え、カメラという道具でその何を切り取るか。「あなたが写真を撮ったというより、写真にあなた自身が写されているともいえるのだ。」ともハースは言う。その時の自分の能力を含めた全身でしか、見ることができなかったのだ。

こうした撮る側の主体性の問題を孕みつつも、近年、聞き取りも行いながら民俗文化を丁寧に追いかけて、成果を上げているプロ・アマ双方の写真家の活動が目立つ。そうした方々の写真展を博物館で昨年から始めている。その最初の一人田中眞人氏が、これまで知られなかった多くの行事を含めて日頃の精力的な活動の成果を満載した写真集を纏められた。

民俗を深く追求する写真家の「写真による大和の民俗誌」の刊行を喜ぶとともに、独自の視線によるさらなる類書の出現を期待したい。

奈良大和路の年中行事　もくじ

ブックデザイン　濱崎実幸・米山研一

凡例

- 行事の開催日については変更されることもありますので、見学の際は関係団体等に事前にご確認ください。
- ほとんどの行事が観光目的ではなく、地域に伝承された行事ですので、見学については地元の方への配慮を心掛けるようにお願いします。行事によっては撮影はもとより、見学すら憚《はばか》られる場合もあります。
- 公共交通機関での行き方を記載していますが、便が少ない地域があります。また、行事の時間帯によっては、公共交通機関で訪問することが困難な場合もあります。参考までにご覧いただいて、訪問の際は必ずご確認ください。
- 行事の開催地については、特定の社寺で行われるものもあれば、集落全体で行われるものもあります。本書では主たる開催地について記載しています。また、社寺が比較的主体となって行われる祭礼については、社寺名と行事名を併記しているものもあります。
- 行事の名称などについては必ずしも正式ではないものも含まれます。現地で言い習わされている用語などについては、片仮名表記にしたものがあります。
- 原則として、「マツリ」と読む場合は「祭り」、「サイ」と読む場合は「祭」と表記しています。
- 頭屋、頭家、当屋、当家など、使い分けをしている用語がありますが、著者の取材に基づいて表記を使い分けています。ただ、同じ行事においても使用が一定していない場合もあります。

一月

大神《おおみわ》神社 繞道祭《にょうどう》
椣原《しではら》の綱掛神事
茅原《ちわら》の大トンド
念仏寺陀々堂の鬼走り
平尾のオンダ
大安寺光仁会《こうにんえ》
篠原《しのはら》踊り
惣谷《そうたに》狂言
若草山山焼き

一月一日

大神《おおみわ》神社繞道《にょうどう》祭

三輪山麓をご神火が巡る元旦の行事

大神神社

桜井市三輪（地図209頁D－2）
JR三輪駅下車　徒歩5分

奈良盆地を巡る青垣のなかでも一際秀麗な姿を描いている三輪山。その三輪山を御神体とする大和国一ノ宮大神神社は、三輪明神と呼ばれ親しまれています。年が改まった午前一時に始まる繞道祭《にょうどうさい》は「ご神火まつり」とも呼ばれる火の祭典です。暗闇のなか、古式作法に則り火が鑚《き》り出されると、待機していた大松明《たいまつ》に火が移され、氏子らが持っている小さな松明にも火が点けられます。「繞道」とは、道を繞《めぐ》るという意味で、山麓に鎮座する十八の摂末社を巡拝します。大神神社から一番遠く離れた檜原《ひばら》神社まで一時間半ぐらいかかります。

特に大きい三本の大松明はそれぞれ重さ六〇キロ、長さは三メートルにもなります。若者たちに担がれると掛け声とともに急ぎ足で巡っていきます。

摂社檜原神社に到着した御神火

御神火を掲げる氏子衆

一月三日

龍神の綱を掛ける正月行事
椣原《しではら》の綱掛神事

金勝寺《きんしょうじ》

平群町椣原（地図207頁B－4）
近鉄元山上口駅下車　徒歩10分

不浄なものが入ってこないように結界を張る綱掛け（勧請掛《カンジョウカケ》）の行事は県内各地で行われています

横倒しにした150kgの綱をうつ伏せの男性の上に乗せ、「祝うたろ、祝うたろ」と囃しながら転がす

が、平群町椣原の金勝寺の綱掛けは中でも規模が大きく、古い形式が保たれています。龍を表すという綱は、「ジャ（蛇）」とも呼ばれ、金勝寺境内で約四〇メートルの男綱と約一二メートルの女綱を撚り合わせて作られます。撚り上がると人を心棒にして頭の上までぐるぐる巻き込んでいき、綱を横倒しにして中の人柱となった人は綱の下から出てきます。こうして完成した綱を、今度は男衆の上にごろごろと転がし、「祝《いお》うたろ、祝うたろ」と囃しながら綱に上って踏みつけます。そのあと、綱は近鉄電車の線路伝いに運ばれ、竜田川を跨ぐ格好で張り渡されます。

綱掛けの様子。近鉄電車生駒線の鉄橋があるため、駅員の誘導で作業が進められる

カンジョウカケ

綱掛けとも称されているカンジョウカケ（勧請掛）の行事は、
村に災いをもたらす悪霊が入ってこないようにする道切り、
あるいは川切りの行為とされています。
県内では比較的有名な明日香村 栢森《かやのもり》・稲渕《いなぶち》の綱掛けは、
飛鳥川を跨ぐように掛けられます。
平群町椣原《しではら》の綱掛神事（13頁）は、
規模が大きく、古い形式が保たれています。
その他、県内では
山間部に近い地域で数多く行われており、
太い綱に稲藁で編まれた大きな「陰嚢《フングリ》」と呼ぶ
房を取り付ける地区や、
松葉を数段にした房を取り付ける地区など、
それぞれ特徴があります。
神社の鳥居に注連縄の形態で
張られている地区もあります。

⇧橿原市にある見瀬八幡神社のカンジョウカケ。大蛇といわれる綱の中央に、フングリ（陰嚢）という大きな房が取り付けられている

⇦広陵町広瀬にある天神社の綱打ち。氏子が総出で100mにもなる注連縄を作り、出来上がったら年男が中に入って巻きこんでいく。その後、神社境内の周囲に張り巡らされる

⇩奈良市大柳生のカンジョウカケ。境界になる地区周囲の四ヶ所で掛けられている。蛸の形に作られた特徴のある房。綱には鋤や鍬などの農具の模型も括り付けられている

⇧天理市上仁興のカンジョウカケは、年末に一本、年明けにもう一本を掛ける。六人衆と呼ばれる人々が綱を作る。最後に般若心経を唱え五穀豊穣を祈願する

⇨奈良市南庄町にある戸隠神社のカンジョウカケ。特に大がかりなものである

一月十四日

吉祥草寺《きっしょうそうじ》

御所市茅原（地図209頁B－4）
JR玉手駅下車　徒歩3分

修験道寺院の修正会《しゅしょうえ》と結びついた左義長《さぎちょう》

茅原《ちわら》の大トンド（左義長）

国選択・県指定無形民俗文化財

修験道の開祖、役小角《えんのおづぬ》の生誕地とされる吉祥草寺では、修正会の結願の行事として壮大な火の祭典が行われます。トンド（大松明）は、直径約三メートル、高さは約六メートル、重さ約一トンという類例を見ない大きさで、その日の昼間に雌雄二基が製作されます。最上部には「ハチマキ」と称する直径三〇センチの化粧縄が巻きつけられています。

行事は、玉手と茅原の二大字《おおあざ》で実施され、高張提灯を先頭に練り歩くお渡りからはじまります。玉手と茅原の手打ち式が終わると、行司役は結願の法灯火を引継いで、吉方とされる明《アキ》の方角から雄・雌の順に点火していきます。

茅原の大トンド。背後は吉祥草寺本堂

点火された大トンド。トンドの近くにいた人は熱気にたまらず後ずさりする

一月十四日

新年に幸運をもたらす「善鬼」の火祭り

念仏寺陀々堂の鬼走り

念仏寺陀々堂

五條市大津町（地図211頁Ａ－３）
ＪＲ五条駅下車　奈良交通バス東富貴行き火打口《ひうちぐち》下車　徒歩５分

国指定重要無形民俗文化財

鬼というと退治される悪役のイメージが強いですが、念仏寺陀々堂に登場する鬼は、善い鬼とされています。旧阪合《さかい》部《べ》郷を中心に伝えられている鬼走りは、室町時代から五百年以上続いているといいます。

法螺貝や棒打ちの練習をする子どもたち

鬼走りの諸役は、鬼三名、火《カッ》天《テ》一名、佐《スケ》四名、水《カワ》天《セ》五名、貝吹き二名、太鼓打ち一名、棒打ち三名、鉦打ち一名からなります。鬼役三人は、一月八日から水垢離をして、別火の精進生活を一週間続けます。斧を持つ赤い鬼が父鬼、稔木《ねんぼく》を持つ青い鬼が母鬼、槌を持つ茶色の鬼が子鬼で、足、腕、肩、背中など十六ヶ所にはカンジョウリ（観世縒）という紙縒《こより》が結びつけてあります。

昼の鬼走りは点火されない

十四日は午後から大般若経六百巻

陀々堂に並ぶ親子の鬼。左から赤い父鬼、青い母鬼、茶色い子鬼

の転読法要が行われ、この間に本尊の裏側で鬼役が衣装を整えます。転読が終わると鬼の通り道が作られ、昼の鬼走りが始まります。鬼の持つ松明は、長さ一・二メートル、直径七〇センチ、重さは六〇キロほどにもなります。昼の鬼走りでは松明に点火はされません。同時に本尊背後の板壁で「阿弥陀さんの肩叩き」と呼ばれる棒打ちが行われます。須弥壇裏の板壁を樫の棒二本で叩きます。

夜になると護摩が焚かれ、夜の鬼走りとなります。鉦が鳴り、法螺貝が吹かれ、太鼓とともに棒打ちの音が響きわたり、火天《カッテ》による火伏せの行が始まります。エビ茶色の法被を着た火天は、お堂の正面に立つと燃えさかる松明を持ち抱えながら「水」の字を書くように振り回し、水天《カワセ》役は、桶の水を笹竹で掬い、火天にかけて火をはらったり、床に落ちた火の粉を消していきます。

松葉をいぶした煙が堂内に立ち込めると、いよいよ松明に点火され、最初の松明が佐役に担がれ、先頭に

鬼走りというが、実際は「鬼歩き」。松明の重量は60kgもある

修正会結願の作法として鬼走りが行われる。背後で僧侶の読経が続く

立つ父鬼（赤）とともに一の戸口に登場します。燃えさかる松明の火は天井を焦がさんばかりの勢いです。参拝者に向かって三鬼が並ぶと神聖な力をもらうようで思わず手を合わせてしまいます。三鬼がお堂を三周すると横出口から境内の水天井戸にお礼参りをし、燃えさかった松明を水の中に沈めて消してしまいます。これで鬼の役目は終わったかと思えば、今度は身体に結びつけていた紙縒《こより》を手に入れようと群衆が殺到します。この紙縒は禍除けになるとされており、手に入れた参拝者の顔に笑みがこぼれます。

憎めない鬼である。文明18年(1486)の墨書のある面が使われていたが、保存のために昭和36年(1961)に新たに作られた鬼の面が現在使われている

一月十八日

平尾水分《みくまり》神社

宇陀市大宇陀区平尾（地図208頁E－3）
近鉄榛原駅下車　奈良交通バス大宇陀行き宇陀平尾下車　徒歩5分

夜に行われる珍しいオンダ祭り

平尾のオンダ

県指定無形民俗文化財

大宇陀区の平尾水分神社では県内でも珍しく夜に営まれるオンダ（46頁）です。大和のオンダの中でも最も古い言葉を伝えているといわれています。苗代作りから田植えに至る一連の作業の所作を行いますが、現在の稲作では見られなくなった「苧《お》つむぎ」や「鳥追い」の所作まで残されています。主役は、この日大夫《たゆう》の役を務める「大当《だいとう》」と、神主役を務める「小当《しょうとう》」で、また、「ショトメ」と呼ばれる早乙女の役を少年が務めるのも珍しく目を引きます。

本殿下の舞台でお田植えの所作が披露されます。途中、種蒔きの儀のあと、一服休みの時間である間炊《けんずい》の場面で、小当が抱きかかえる黒い翁

籾種を蒔く福の種の儀。「おかたたちの肩へは、かたびら餅の種をまこよまこよ、わらべたちの肩へは、きさだ餅の種をまこよまこよ」など、古い言葉が残されている

面の「若宮さん」が登場します。「若宮さん」に巻かれている紙縒《こより》は、患部に当てると治癒するといわれ、地元の人がいただいて帰ります。

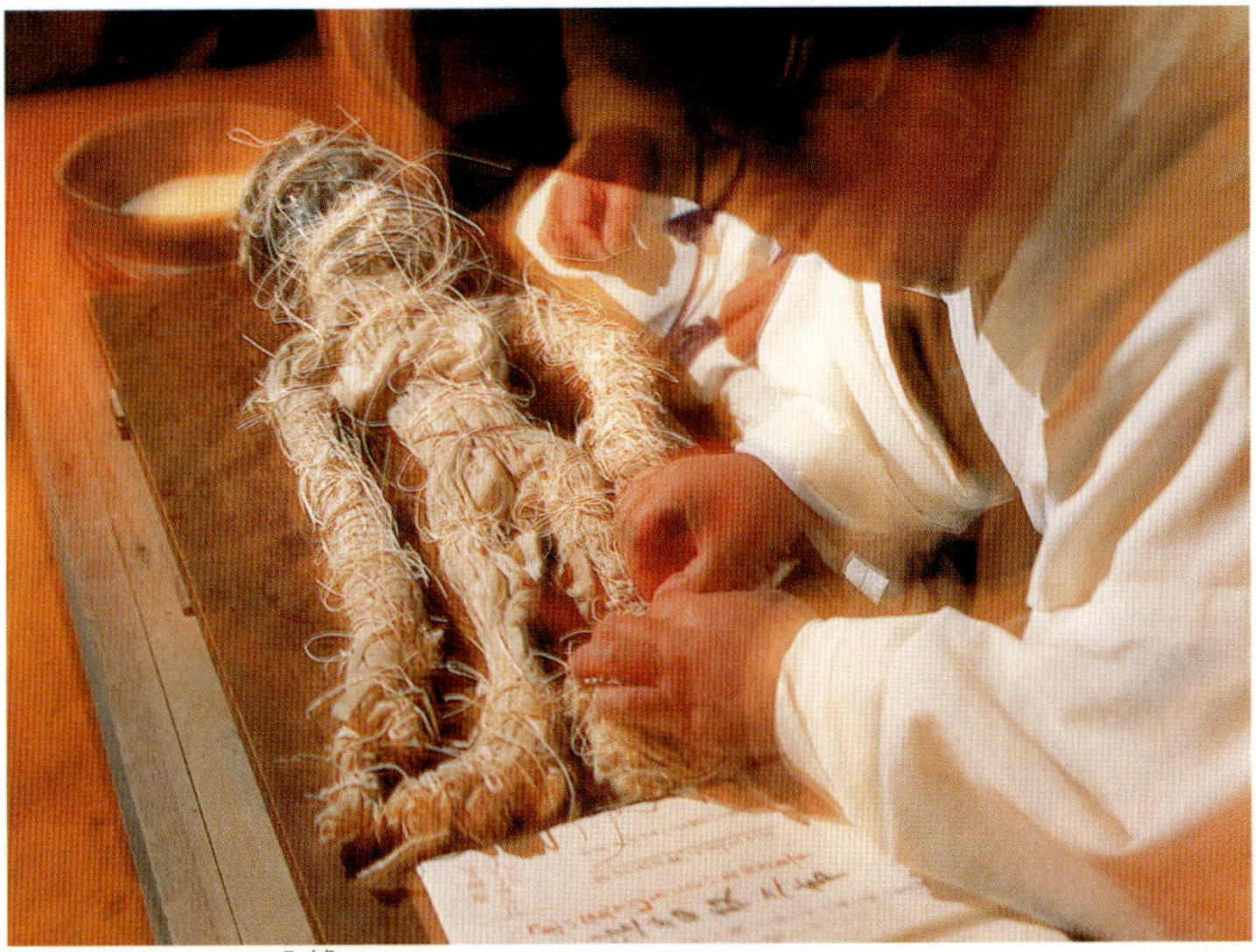

「若宮さん」には、紙縒《こより》が巻かれており、それを患部に当てると治癒するとされ、「わたしは肩」「わしは腰やで」とそれをいただくために長い列ができる

御田植の儀。「若い初乙女をしともみもんだれば、若い初乙女をしともみもんだれば」

鍬初めの儀で、鍬を振り上げる大当。「福太郎も徳太郎も牛を引きだせかけぞめするぞ」

大安寺

奈良市大安寺町（地図207頁D－3）
JR・近鉄奈良駅下車　奈良交通バス大安寺・白土町・シャープ前行き大安寺下車　徒歩10分

無病息災を祈る癌封じの笹酒祭り

大安寺光仁会《こうにんえ》

（癌封じ笹酒祭り）

青竹に香る温いお酒を竹のお猪口を差し出す参拝者に注ぐ。近年では、飲酒運転防止のために笹水も用意されている

桓武天皇が文武百官を伴い、父帝光仁天皇の一周忌の斎会《さいえ》を大安寺で営まれたという『続《しょく》日本紀』の記事に因んで、毎年一月二十三日に光仁会が行われています。光仁天皇は、天智天皇の孫（志貴皇子《しきのみこ》の子）で、即位までは白壁王《しらかべおう》と言い、皇位継承とは無縁の存在でしたが、六十二歳という高齢で皇位に就くことになり、さらに十一年の在位を保たれました。竹林で「林間酒を温める」風流を楽しまれ、その験あって健康長寿を保たれたといい、その故事にあやかって境内で笹酒のお接待があります。きもの姿の笹娘さんたちが、参拝者に酒を注ぎます。

また、六月二十三日にも、竹供養・癌封じ夏祭りが行われ、同様に笹酒が振舞われています。

一月二十五日

天満神社

五條市大塔町篠原（地図212頁B－2）ＪＲ五条駅下車 奈良交通バス十津川方面行き大塔支所乗り換えスクールバス篠原行き篠原下車すぐ（行事当日はスクールバスが1日1本、開催にあわせて運行）

篠原《しのはら》踊り

オオカミ退治の願果たしに奉納されたという踊り

国選択・県指定無形民俗文化財

五條市の山間部、旧大塔村の舟ノ川流域に点在する集落の中でも、最も奥に位置する篠原。この時節、盆地部で雨が降っている日でも、標高一二〇〇メートルほどの山々に囲まれた篠原は雪の山道です。そんな中、篠原の天満神社では初天神祭が行われ、神事を終えると篠原踊りが奉納されます。この踊りは、オオカミ退治を神に祈願し、その願果たしの御礼として始められたといわれています。男性が太鼓を打ち、女性は扇を持って舞います。三十八曲の歌詞が伝わりますが、奉納では「梅の古木踊り」「宝踊り」「世の中踊り」の三曲を踊ります。

なお、同日に隣村惣谷で奉納される惣谷狂言（28頁）とは、一年交替で開始時間を午前と午後に入れ替えて行われているので、見物客は両方の行事を拝観することができます。

かつては数々の踊りと地狂言が披露されていたが、狂言は廃れ、踊りのみが伝わっている。昔は太鼓を若い衆が打ち、踊るのは嫁入り前の娘であった

音頭に合わせて紋付き袴姿
の男性が締太鼓を打つ

一月二十五日

天神社

五條市大塔町篠原（地図212頁B－2）JR五条駅下車 奈良交通バス十津川方面行き大塔支所乗り換えスクールバス篠原行き惣谷下車すぐ（行事当日はスクールバスが1日1本、開催にあわせて運行）

惣《そう》谷《たに》狂言

風流踊りの合間に演じられていた狂言が伝わる

⇧かつては、篠原と同様に踊りと狂言が演じられていたが、踊りが廃れて狂言のみが伝承されている。写真は「鬼狂言」

県指定無形民俗文化財

隣の篠原集落で篠原踊り（26頁）が奉納される同じ二十五日、惣谷狂言保存会の方々が惣谷の天神社の神事初めに惣谷狂言を奉納します。十年ぐらい前は神社前に筵を敷いた舞台で行われていましたが、現在は神社社務所を舞台として行われています。天幕を張り、軒には注連縄とひとつまみの紅白餅を柳の木に付けたモチバナを飾り、参拝者を待ちます。

舞台小屋に飾られるモチバナ

惣谷狂言は、明治四十年（一九〇七）頃には演じられなくなり、

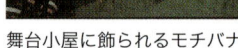

鳥刺舞を狂言仕立てにした「鳥刺狂言」

最後に飾られていたモチバナが配られる

大正四年（一九一五）の大正天皇御大典奉祝で踊られたのを最後に廃絶していました。戦後、昭和三十二年に保存会が設立され、「万歳」「鳥刺狂言」「鐘引狂言」「鬼狂言」「狐釣狂言」「かなぼうし狂言」「壺負狂言」「舟こぎ狂言」の八曲が復活されました。そのうちの二曲、若しくは一曲を選んで演じられています。

一月第四土曜

若草山

奈良市雑司町（地図207頁D－2）
近鉄奈良駅下車　徒歩25分

奈良の冬の風物詩

若草山山焼き

奈良の冬の風物詩である若草山の山焼き。山頂に鶯塚古墳があり、その被葬者の霊魂を鎮めるために焼かれるようになったという説があります。また、興福寺と東大寺の境界争いに端を発するという俗説も有名です。明治三十三年（一九〇〇）から夜間に焼かれるようになり、現在のような姿になっています。奈良公園や、平城宮跡など、市内各地から見学できますが、間近で火の手が上がっている若草山の麓で見るのも迫力があります。

真っ赤に染まる若草山の写真を見て山焼きに訪れた観光客の中には、火は何時になったら写真のような火の山になるのか待っている人もいます。写真は撮影のテクニックで数秒間ずつレンズを開放して一枚のフィルムに写し込んだ多重露光の技術で、火がじわじわと移動するさまを一枚の写真に描いたものなのです。

春日野園地から見た若草山の山焼き

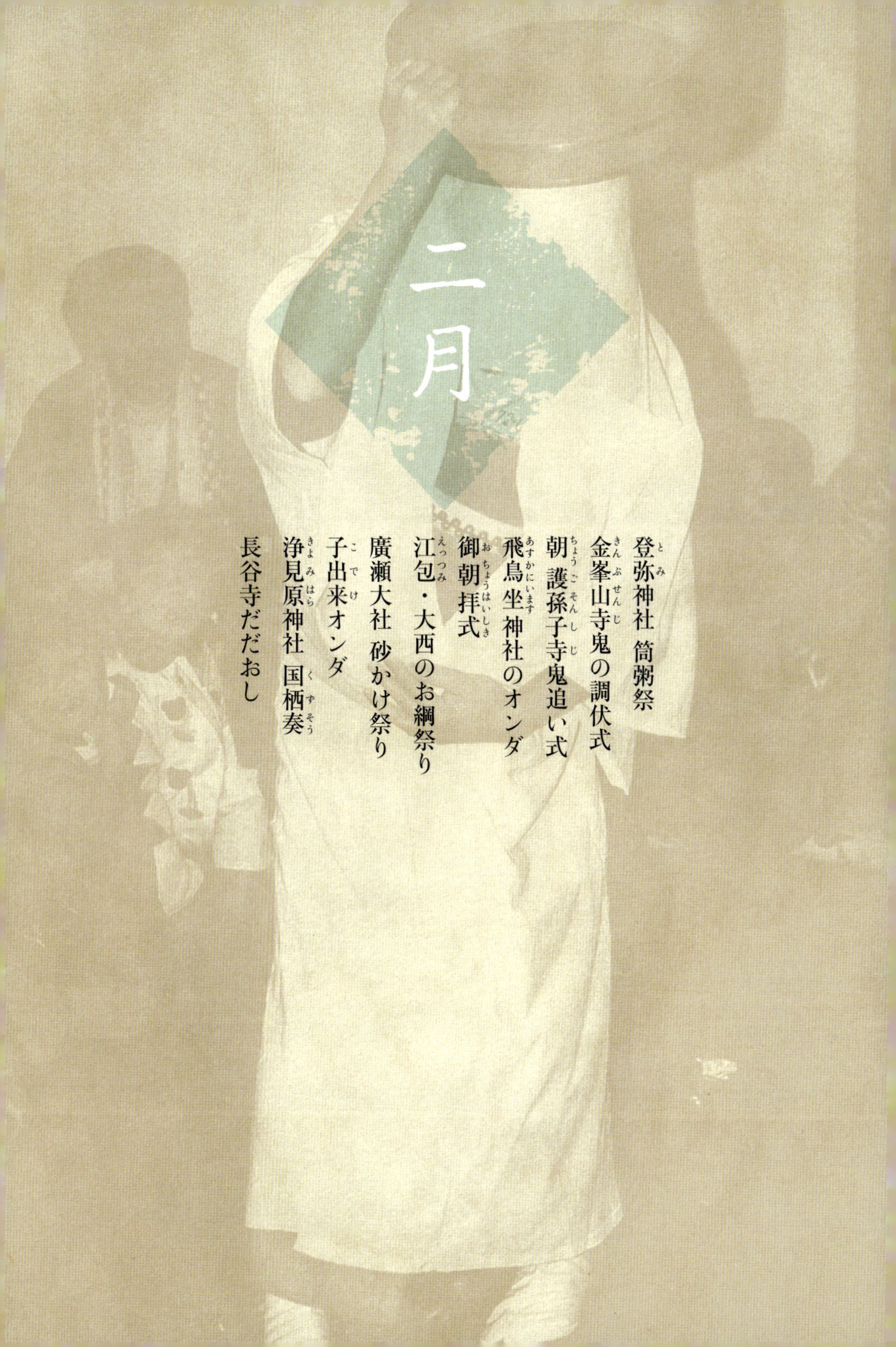

二月

登弥《とみ》神社 筒粥祭
金峯山寺《きんぷせんじ》鬼の調伏式
朝《ちょう》 護孫子寺《ごそんしじ》鬼追い式
飛鳥坐《あすかにいます》神社のオンダ
御朝拝式《おちょうはいしき》
江包《えっつみ》・大西のお綱祭り
廣瀬大社 砂かけ祭り
子出来《こでけ》オンダ
浄見原《きよみはら》神社 国栖奏《くずそう》
長谷寺だだおし

二月一日

登弥神社

奈良市石木町（地図207頁C－3）
近鉄郡山駅下車 奈良交通バス若草台行き木島《このしま》下車 徒歩1分

登弥《とみ》神社筒粥祭

新しい年に収穫する作物の豊凶を占う筒粥の神事

奈良市指定無形民俗文化財

奈良市西端の富雄川沿いにある石木町の登弥神社では、毎年この日の早朝に筒粥祭（粥占い）が行われます。雪が舞うことも多いこの季節の未明、朝四時頃から石木、大和田、城《じょう》の三大字の氏子たちが集まって、細い竹筒と小豆粥を大釜で炊きます。一時間半ぐらいで炊き上がり、そろりと竹筒を取り出して神前に供えた後、七時頃に神事が始まり、いよいよ粥占いが始まります。竹筒を縦に割いて米や小豆の粒の入り具合を神主が見極め、今年に収穫する三十七品目の作物の豊凶を占います。米と小豆の粒が入っていれば上、米ばかりだと中、米ばかりで量も少ないと下とされ、中身と量からさらに三段階に分けて、上上、上、上下、中上、中、中下、下上、下、下下と、作物の出来具合を九段階に分類し、纏めて貼りだされます。

大和郡山市矢田町の矢田坐久志玉《やたにいますくしたま》比古《ひこ》神社などでも、同様の神事が執り行われています。

日の出前から細い竹筒と小豆粥を大釜で炊く。三十七本の竹筒で神慮をうかがう

占いの結果が貼り出される

本頭屋が竹筒を割いて、神主が米や小豆の粒の入り具合を見極める

金峯山寺

吉野町吉野山（地図211頁Ｄ－2）
近鉄吉野駅下車　吉野山ロープウェイ乗り換え吉野山駅下車　徒歩10分

赤、青、黒の６匹の鬼たちが暴れる

「福は内、鬼も内」全国の鬼を吉野に集めて調伏

金峯山寺《きんぷせんじ》 鬼の調伏式

「福は内、鬼も内」と珍しい掛け声がかけられる吉野山の金峯山寺蔵王堂の節分会。修験道の開祖である役小角《えんのおづぬ》が法力で鬼を呪縛し、仏法を説いて弟子にしたという故事にちなんだ行事です。節分に全国から追い出され、行き場を失った鬼を「鬼も内」と招き入れます。そして、経典の功徳、法力に加えて信徒らが撒く豆によって、荒れ狂う鬼たちを仏道に導きます。

二月三日

朝護孫子寺

平群町信貴山（地図207頁A－4）
近鉄信貴山下駅下車　奈良交通バス信貴山行き終点下車　徒歩10分

暴れまくって、追いまくられる鬼追い式

朝《ちょう》護《ご》孫《そん》子《し》寺《じ》鬼追い式

節分に信貴山朝護孫子寺では、暴れる赤鬼、青鬼を毘沙門天王が追い出す鬼追い式が行われます。節分大法要の最中に六匹の鬼が乱入しますが、年男、年女、僧侶らの撒く豆と、毘沙門天王によって、本堂から追い出されます。続いて、成福院、玉蔵院、千手院などの各宿坊で暴れまわり、ついには村々へと追われてそこでも暴れまくります。家を一軒一軒訪問しては、豆を撒かれ追い出される鬼ですが、子どもに対しては、「お母さんの言うことを聞くように」などと、追われながらも親しまれています。鬼が追われると、吉祥天女が現れて福豆を授けていきます。

本堂から山内宿坊、そして村々へと追いまくられる鬼は、幼稚園では園児に豆を撒かれ、老人ホームではご老人に豆を撒かれながらも、実に親しみ深い存在

飛鳥坐神社

明日香村飛鳥（地図209頁C－3）
近鉄橿原神宮前駅下車　奈良交通バス飛鳥大仏前下車　徒歩5分

飛鳥坐《あすかにいます》神社のオンダ

夫婦円満の優艶な道行き

実に仲の良い天狗とお田福の夫婦の道行き。後ろにいるのは介添え役の翁。いずれも演じているのは男性である

飛鳥坐神社で行われるオンダは奇祭として有名で、狭い境内に数千人もの見物人が押し寄せることもあります。奇祭たる所以の御田植神事では、他でよく見られる農耕模倣行為に続いて、大勢の見物人の前で「汁かけ」「種つけ」など、夫婦和合の所作が露骨に表現されます。しかし、少しも醜悪な感じを与えることなく、爆笑、野次、声援が飛び交い、終始無邪気でユーモアに富む五穀豊穣を祈る祭りです。「種つけ」の際に使われた紙は「フクの紙」といい、参拝者に撒かれます。また、境内では、天狗と翁と牛とお多福が青竹の先の割れたものを握って、参拝者を見境なしに叩いて回っています。

二月五日

御朝拝式《おちょうはいしき》

後南朝《ごなんちょう》悲話を今に伝える御朝拝

金剛寺

川上村神之谷（地図210頁G－3）
近鉄下市口駅下車　奈良交通バス湯盛温泉杉の湯行き終点乗り換え柏木下車　徒歩30分

南北朝時代、皇統が南朝と北朝に分かれ、内乱が続いていましたが、明徳三年（一三九二）、南北両朝の統一がなされました。しかし、南朝と北朝から交互に即位するという講和の約束は守られず、南朝の宮様の一部は吉野山中にお入りになり、再起をはかっておられました。この南朝の皇統を後世、「後南朝」と呼んでいますが、その終焉は突然訪れました。長禄元年（一四五七）、嘉吉《かきつ》の変で取り潰された赤松氏の遺臣が主家再興のため、後南朝に奪われていた三種の神器の一つである神璽《しんじ》を奪回し、川上村の御所に潜伏していた後亀山天皇の曾孫である自天王《じてんのう》、忠《ちゅう》義王《ぎおう》の兄弟を殺害したのです。ここに南朝の皇統は潰《つい》えましたが、親王をお守りしていた人たちはその翌年以降も毎年、在りし日のままに新年を賀する御朝拝の儀式を続けて、現在に至っています。

参列の筋目衆。着用の裃には菊の紋が入っている

金剛寺では、「筋目衆」と呼ばれる人たちが、同寺境内の自天親王神社でお祓いを受け神饌を献じます。本陣の代表は「大目付」と呼ばれます。神事を終えると、親王の遺品を納めた宝物殿の前で、大目付が自天王を称える「賀詞《よごと》」を読みあげ、式が終わると裏手にある自天王陵墓に参拝します。

御朝拝式は、筋目衆によって代々奉仕されてきましたが、平成十九年（二〇〇七）、五百五十年目にあたるこの年に、筋目の家系の男性しか参列できなかったしきたりを廃し、村民全体の行事として存続していくことになりました。

自天王を祀る自天親王神社へ献饌

御神宝に息がかからぬよう、榊の葉をくわえる

菊の紋の幔幕の中で行われる御朝拝式

㊧大目付が賀詞を拝読。御神宝は、国指定重要文化財に指定されており、この日に限り拝観できる

自天王の陵墓に参拝する。非業の最期を遂げた自天王は数え18歳であった。明治に宮内省はこの自天王墓を河野宮(忠義王)墓に比定したが、土地では現在も自天王陵墓として参拝している

二月十一日

素盞嗚《すさのお》神社

桜井市江包（地図209頁C－2）
JR巻向駅下車　徒歩20分

お綱はんの嫁入り

江包《えつつみ》・大西のお綱祭り

県指定無形民俗文化財

大和川を挟んで南側に大西、北側に江包の集落があります。「お綱はんの嫁入り」とも呼ばれるお綱祭りは、この両集落で行われる綱掛行事です。昔、三輪に祀られていた素盞《すさの》嗚尊《おのみこと》と櫛稲田姫《くしなだひめ》の御神体が大洪水で流されて、素盞嗚尊は江包で、櫛稲田姫は大西で拾われて祀られましたが、その後災いが続きました。これについて弘法大師空海が、夫婦神を別々に祀るのが良くないと指摘し、年に一回、夫婦の契りを結ぶ行事を始めることになったという伝説があります。

九日、江包の春日神社に早朝から集まった集落の男性は藁で男綱を作

女綱の製作風景。前日の2月10日に大西で作られる

江包の男綱。年によって違うが、重さ600キロ、直径２メートル、長さは４メートルほどある

嫁入りまでの間に行われる泥相撲。あっさり勝負が決まると取り直させられる

お綱はんの嫁入り。めでたく結合した

合体した男綱と女綱。離れないように巻き綱でくくられ、吊り下げられる

っていきます。十日は大西の市杵島《いちきしま》神社で、こちらではまず江包の男綱のサイズを確認し、結合に見合う女綱を作ります。祭りの当日である十一日は、両地区とも朝から各神社に集合し、嫁入りまで泥相撲が行われます。泥田の中に綱の長い尻尾をぐるりと輪にして土俵を作ります。泥にまみれるほどよいといわれます。大西の女綱が先に素盞嗚神社に到着して、男綱のご入《じゅ》来《らい》を待ちます。女綱をじらしているかのような江包の男綱に、仲人役が「そろそろ行かなあかんで」と催促をします。この「七度半の呼び使い」の後、正午を過ぎた頃に男綱が素盞嗚神社に移動し二つの綱は合体、めでたく手打ち、入舟式が行われ一連の行事が終了します。嫁入りの神事を相勤めている両集落ですが、この二つの集落間の婚姻は禁忌とされています。

廣瀬大社

河合町川合(地図209頁B－1)
JR法隆寺駅下車　徒歩30分

二月十一日

砂かけ祭り

砂を雨に見立てた水神・廣瀬大社の御田植祭

佐保川、初瀬川など奈良盆地を流れる数々の河川が合流する地に鎮座する廣瀬大社のオンダは通称「砂かけ祭り」と呼ばれています。午前、拝殿を舞台に「殿上の儀」があり、午後に砂かけ祭りと呼ばれる所以である「庭上の儀」が始まります。まず、午前の「殿上の儀」と同じお田植えの所作があり、それが終わると太鼓の合図で砂かけが始まります。田人が、神田に見立てた田んぼの砂を鋤で掬いあげてあっちこっちへかけていきます。参拝者も入り乱れて砂が激しく飛び交います。砂は雨になぞらえられたもので、激しくかけ合うほど雨に恵まれて豊作になるといいます。この砂かけは、一回五分程度で八回繰り返されます。

まさしく土砂降りである。ゴーグルやレインコートなどで完全武装しても、砂はどこからか入ってくる

六県神社《むつがた》

川西町保田（地図209頁B－1）
近鉄結崎駅下車　徒歩45分

「出けた、出けた、ボン出けた」と安産を言祝ぐ
子出来《こでけ》オンダ
（六県神社の御田植祭）

牛使いと暴れ牛。「モー、モー」という牛の尻を時々、牛使いが打つ

県指定無形民俗文化財

富貴寺と隣接して鎮座する六県神社で行われる子出来《こでけ》オンダは、通常のオンダに妊婦の弁当運びと安産の所作が加わるのが特色です。神事は夜に行われます。

まず、水見回り、牛使い、施《せ》肥《ひ》、土こなげ、田植え、田螺《たにし》拾いと農作業が続きます。それぞれ一場が終わるたびに、子どもたちが喚声を上げて演者に体当たりするのですが、これは風雨を表現しているといいます。田植えの所作などで使用する椿の葉が散って、むちゃくちゃに荒らされます。

その後、眼目の子出来《こでけ》神事が始まります。厄年の男性が扮する妊婦が登場するだけで拝殿は笑いに包まれます。桶を頭上に持って拝殿を一周して、田植えをしている夫（神主）のもとに弁当を持っていきます。「東《ひがし》田《んだい》は」「三杯と二杯と、又五杯」「北《きたん》田《だい》は」「四杯と四杯と、又二杯」…、といった古風な問答が続きます。そして、いよいよ陣痛を訴えると、易々と子どもが生まれます。腹の中に入っていた赤ん坊は小太鼓です。夫は

施肥。首からぶらさげた椿の葉を肥料に見立てて、田に播く

厄年の男性が化粧をし、手拭いを姉さん被りにして、白装束に赤い腰巻をした妊婦に扮して弁当運びをする。これは、婦人の勤労ぶりと家庭円満、夫婦愛の融合の様を表しているという

妊婦と夫（神官）との掛け合い問答の後、クライマックスの出産となる。夫「どうなされた」妊婦「キリキリお腹が痛みます」

その小太鼓を拾って、「出けた、出けた、ボン出けた」と小躍りしながら太鼓を叩きます。終始、一同大笑いで進行される、素朴な神事です。

最後は、種蒔き神事で締められます。種蒔き歌を謡いながら拝殿を周回し、「大和四十八万石、保田《ほた》の明神、蒔き納め」と謡うと、神事はすべて終了します。

種蒔き神事。「豊年《よんなか》よけれども、福の種蒔こよー」などと種蒔き歌を謡いながら神饌米を撒く

風雨の役である子どもたち。進行役の「ぼちぼちやで」「それー」の声を合図に殺到する。演者はうずくまっており、容赦なく体当たりされる

鏡作神社（田原本町八尾）のオンダ。田づくりで暴れる牛

オンダ

農業を営む人は、
季節ごとに到来する自然の脅威と共存しながら
農業をしなければなりません。
神社の祭礼のなかでも大切にしているのが
年の初めに祈る「祈年祭《としごいのまつり》」という、
稲の実りを祈願する神事です。
その中に、「オンダ（御田）」と呼ばれる行事があります。
「御田植祭」とも呼ばれているオンダ祭りは、
鍬、鋤などの農機具を使って、農耕の模倣行為をします。
唐鋤《カラスキ》や馬鍬《マンガ》を引いて牛が田を耕す所作をしたり、
苗に見立てた松苗を使ってお田植えの所作をします。
このような「田遊び」は、
稲作の理想的な過程を演じ予祝《よしゅく》行事といわれています。
大和ではこの祭りが六十ヶ所以上もあるといわれており、
本編でも、平尾のオンダ（22頁）、
飛鳥坐《あすかにいます》神社のオンダ（35頁）、

十二社神社（香芝市五位堂）のオンダ

小夫《おおぶ》天神社（桜井市小夫）のオンダ。こちらもゴネ牛

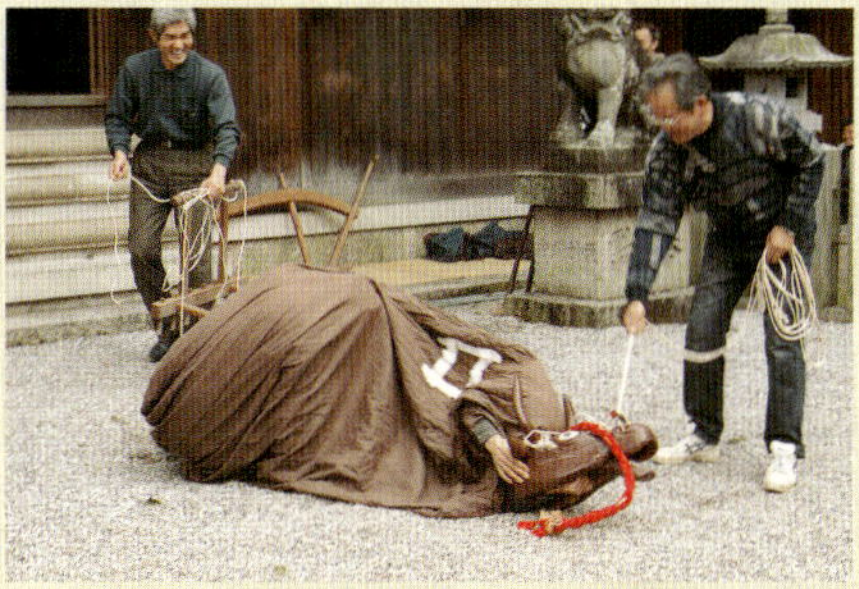

池神社（田原本町法貴寺）のオンダ。ゴネ牛

廣瀬大社のオンダ・砂かけ祭り（42頁）、
保田《ほた》の子出来《こでけ》オンダ（43頁）、
春日大社御田植神事（59頁）、
吐山《はやま》のオンダ（71頁）、
野依《のより》のオンダ（83頁）を紹介しています。
地域によってその様相はまちまちで、
砂をかけて降雨祈願をするものや、
牛が暴れるほど豊作になるとされるところもあります。
牛耕を知らない子どもたちと一緒に
オンダ巡りをしてみるのもいいでしょう。

畝火《うねび》山口神社（橿原市大谷町）のオンダ。
愛らしい天狗と牛

長尾神社（葛城市長尾）のオンダ。唐鋤を引いている牛

當麻山口神社（葛城市當麻）のオンダ。馬鍬《マンガ》を引いている牛

大神《おおみわ》神社（桜井市三輪）のオンダ。種蒔きの所作

菅原神社（奈良市菅原町）のオンダ。走り回る牛に翁面をつけた田主は翻弄される

笛吹神社（葛城市笛吹）のオンダ。四隅に忌竹を立てて注連縄を張った中が神田に擬せられる

⇧手向山《たむけやま》八幡宮（奈良市雑司町）の御田植祭。種蒔きの所作

⇦今井堂天満神社（奈良市日笠町）のオンダ。松苗を鎌で刈り取る所作が珍しい

倭文《しずり》神社（葛城市當麻加守）の御田祭。子牛が生まれる珍しいオンダ

大和《おおやまと》神社（天理市新泉町）の御田植祭。松苗を植える早乙女

旧暦一月十四日

浄見原《きよみはら》神社

吉野町南国栖（地図210頁Ｅ－１）
近鉄大和上市駅下車　奈良交通バス湯盛温泉杉の湯行き南国栖隧道口下車　徒歩10分

古代の息吹が甦る 国栖奏《くずそう》

県指定無形民俗文化財

応神天皇が吉野宮に行幸されたとき、国栖人《びと》が歌舞を奏して天皇を慰めたのが最初という国栖奏。壬申の乱のとき、大海人《おおあま》皇子をかくまった際にも奏し、天武天皇として即位された後、国栖舞を「翁の舞」と名づけ、大嘗祭などに奉奏することを制定したといいますから、大変な歴史を有しています。

会所（練習所）から出てきた狩《かり》衣《ぎぬ》・烏帽子《えぼし》姿の十二人の翁は、神社の舞殿に笛や鼓などの楽器を神前に供えて着座し、神官による祝詞《のりと》奏上のあと、国栖奏が始まります。国栖奏の歌詞は一歌から四歌まであり、まず国栖人を称える一歌、二歌を奏し、続いて楽器を神饌台から下げて、笛にあわせて三歌を唱和します。次に、舞翁が左手に榊、右手に鈴を持って舞います。歌翁の一人が「エンエイ（延栄）」と囃したて、正月から十二月まで舞納め、そして、応神天皇に捧げたという四歌が奏されます。四歌の最後を飾る翁は、口元に手を添えて上体を反らす「笑の古風」と呼ばれる所作をします。

神前には贄神饌が奉られます。山菓（栗）、醴酒《コザケ》（一夜酒）、腹赤魚《ハラカノウオ》（ウグイ）、土毛《クニツモノ》（根芹）、毛瀰《モミ》（ヤマアカガエル）の五品です。国栖の地では昔、アカガエルも食用であったことから供え物になったと考えられ、国栖では今でも赤いカエルを「モミ」と呼び、ヤマアカガエルを「モミガエル」と呼んでいます。

第四歌は、応神天皇に捧げたという記紀の歌。「かしのふに、よくすをつくり、よくすにかめる、おほみき、うまらに、きこしもちをせ、まろがち」

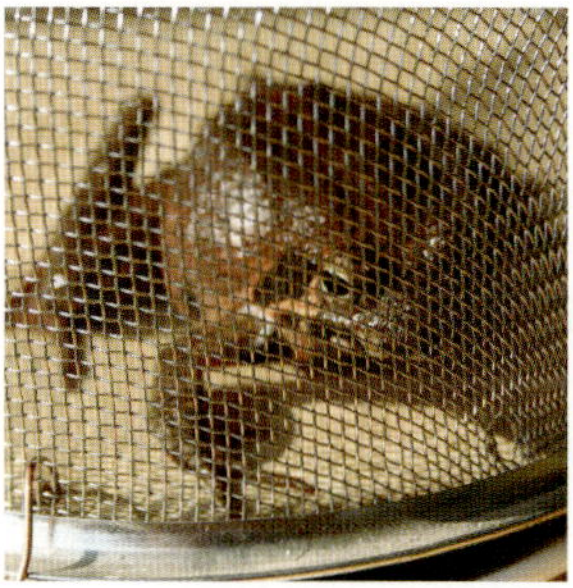

モミ（毛瀰）と呼ばれるアカガエル

㊨神前に供えられる贄神饌

二月十四日

修二会《しゅにえ》の結願に行われる火祭り

長谷寺だだおし

長谷寺

桜井市初瀬（地図208頁E－2）
近鉄長谷寺駅下車　徒歩15分

「だだおし」の名称の由来は定かではありませんが、閻魔大王の宝印を押すことを「だんだ押し」と言うことに由来するとか、昔は鬼が達陀《だったん》の行法を行っていたからであるとか、諸説があります。

だだおしは、長谷寺の修二会の結願法要として行われる行事で、勇壮な火祭りとして知られています。まず、本尊十一面観音の宝前で悔過《けか》法要があり、鬼面加持《きめんかじ》の法要、閻魔大王の持ち物である閻浮檀金《えんぶだごん》の宝印を参拝者の額に押す行事が続きます。そして、太鼓や法螺貝が鳴り響くなか、まず、青と緑の鬼が、燃えさかる大松明を担いだ男衆と現れます。二匹の鬼がすれ違うときに松明もすれ違い、火の粉が舞います。その後に登場する赤鬼はさらに大きい鬼面で、大きな声と火の粉で参拝者を圧倒します。大松明から舞い落ちる火の木片は開運、厄除のお守りとして、参拝者が競い合って拾い持ち帰ります。

巨大な松明と鬼が本堂を周回する長谷寺のだだおし

三月

八王《やつおう》神社　和布《め》祭り
東大寺二月堂修二会《しゅにえ》
春日大社　春日祭
春日大社の御田植神事
矢田原の子ども涅槃

三月第一日曜

八王《やつおう》神社

奈良市月ヶ瀬長引（地図206頁H－2）
JR・近鉄奈良駅下車　奈良交通バス石打行き月瀬橋下車　徒歩20分

和布《め》祭り

月ヶ瀬に伝承される「和布《め》」のご馳走

直会で出される盆膳

月ヶ瀬梅渓の近く、旧添上郡月ヶ瀬村の長引に鎮座する八王神社では、梅も満開となるこの時期に春の祭りが行われます。一年生、二年生、三年生と呼ばれる年番の三頭屋があり、三所帯の長男夫婦が協力し合って執り行われます。一年生は甘酒接待役、二年生は貝吹き、三年生になると、「和布《め》」のご馳走を作る役が回ってきます。和布とは、醤油で味付けしたアラメを大きな円錐形に盛り、大豆を湯がいてすり潰した「クルビ」で塗り固めたものです。傍らには八つの大重に詰められた牛蒡、大豆、紅白の餅を並べます。神饌御供のキョウメシ（ツノメシ）は神前に供えます。一、二年生は見習いを兼ねて手伝いをし、三年生の頭屋が調進します。

　この日、三年生は拝殿中央に座り、三年間の頭屋の役目を無事に終えた証しの御幣を神職から授かる和布《わぶ》神

御幣を授かる三年生。三年間の頭屋の務めを無事に終えた証である

三所帯の頭屋が調進する和布《め》

事があります（神事では「わぶ」と読む）。和布《わぶ》神事を終えた氏子らは和布《め》料理を囲むように座って祝いの宴が始まります。和布は、アラメとクルビをこねるように混ぜ合わせて、砲丸のような大きな団子状にして、氏子持参の盆に乗せます。牛蒡と大豆と紅白の餅を添えて、キョウメシを少しずつ盛って盆膳ができあがります。

神事のあと、和布《め》を団子にして氏子を接待する

三月一〜十四日

東大寺二月堂

奈良市雑司町（地図207頁D－2）
近鉄奈良駅下車　徒歩25分

千二百五十有余年連綿と続く「不退の行法」

東大寺二月堂修二会《しゅにえ》

正月に行われる法会を修正会《しゅしょうえ》というのに対し、二月に行われる法会が修二会です。東大寺二月堂の修二会は、十一面観音に懺悔《さんげ》して国家の安泰と万民の幸福を祈る悔過《けか》法要で、大仏開眼と同じ年の天平勝宝四年（七五二）、実忠和尚《じっちゅうかしょう》によって始められ、以来千二百五十有余年、一度も途絶えることなく毎年続けられてきました。

12日の後夜、13日の午前2時にお水取りが行われる。二月堂下の閼伽井屋に香水を汲みに行く練行衆。先頭は、大きな寸胴型の呪師《しゅし》松明（ハス松明）

一般には、「お水取り」や「お松明《たいまつ》」が有名ですが、練行衆《れんぎょうしゅう》と呼ばれる修二会に出仕する僧侶は、二月二十日から別火《べっか》という精進生活に入り、結願満行の三月十五日まで様々な行法を行っています。そのほとんどは堂内で行われ、一般の人はその秘儀を堂の外からうかがうことしかできません。馴染み深いお松明も、練行衆が上堂する際に足下を照らすためのもので、お松明終了後、見物客は帰っていきますが、堂内ではその後、行法が始まるのです。

達陀《だったん》松明の上堂。前年に一ノ井松明調進講が寄進したヒノキ材を使って作られる。達陀の妙法は3月12～14日の深夜に二月堂内で行われる

3月14日のお松明は、10本の松明が一斉に振られ、参拝者の頭上に火の粉が降りそそぐ

生飯《さば》投げ。1～14日の本行の間、練行衆は食事が終わると一握りの飯を若狭井の屋根目掛けて放り投げる。鳥獣など生き物への施しである。たいていは鹿やカラスが食べていく

三月十三日

春日大社

奈良市春日野町（地図207頁D－3）
近鉄奈良駅下車　徒歩25分

回廊内での神事は拝観できない。参道から勅使一行を見送る

春日祭

賀茂祭、石清水祭と並ぶ三大勅祭のひとつ

春日祭は、都の守護と国民の繁栄を祈願するために平安時代に始まったとされる春日大社の例祭で、京都の葵祭（賀茂祭、上賀茂・下鴨神社）、石清水祭（石清水八幡宮）と並ぶ三大勅祭のひとつとされています。

明治維新以前は一月と十一月の上申の日に行われていたことから、別名、「申《さる》祭り」と呼ばれていました。木立から差し込む朝の光が輝く日、黒い装束に身を包んだ天皇陛下の名代である勅使一行が高く盛った神聖な玉砂利の参道をゆっくりと歩まれます。

勅使を迎える春日大社

箕と松葉の苗が置かれると、掃き清められた白砂の庭で田男が巧みに牛を操って、神田に見立てた田を耕す

春日大社

奈良市春日野町（地図207頁D－3）
近鉄奈良駅下車　徒歩25分

巫女の舞が艶やかな春日大社のオンダ

春日大社の御田植神事

奈良各地で行われるオンダの中でも、春日大社の御田植神事は、神職の奏でる神楽歌に合わせて舞う巫女の舞がとても優雅で艶やかです。東大寺の修二会《しゅにえ》が満行を迎えた三月十五日、春日大社本殿で厳かに御田植祭（拝観不可）が執り行われたあと、御田植神事が行われます。本社の林檎の庭、榎本神社下、若宮神社前の三ヶ所で、八乙女《やおとめ》が松苗を植える所作の御田植舞が奉納されます。ちなみに林檎の庭は、東南隅に林檎の木があるためこのように呼ばれています。

御田植舞と呼ばれる田植えの所作を模した田楽の舞。両手を広げ片足を上げる所作が珍しい

若宮神社へ移動し、また同様に行われる

三月春分の日

矢田原町

奈良市矢田原町（地図206頁Ｅ－３）
ＪＲ・近鉄奈良駅下車　奈良交通バス下水間方面行き矢田原口下車

矢田原の子ども涅槃

成人通過儀礼を伴う涅槃講

黄楊《ツゲ》の枝葉を芯に、シダの仲間のキツネノタスキ（日陰鬘《ひかげのかずら》）を丸くして麻苧《あさお》で括ります。タロ（タラの木）を半切にして片面を朱色に塗り牛蒡を模した箸を膳に盛ります。日陰鬘やタロは棘でイガイガです。その痛い棘だらけの箸で飯を口に持っていって食べる所作をするのですが、それが大人への通過儀礼とされています。がんじがらめに縛られたキツネノタスキの中には、紐に通された銭があり、子どもたちは痛い思いをしながらそれをほどくと、銭をご褒美にもらえます。

子ども涅槃で調進される膳

矢田原の他にも奈良市日笠や山添村勝原などの大和高原には、涅槃会の時期（陰暦二月十五日）に、数え十七歳までの子どもによって営まれる子ども涅槃と呼ばれる講があります。竹で叩かれたり、内容はそれぞれで違いますが、講を通じて地域の大人との交流があり、成人として地域に認められるようになる通過儀礼である共通点があります。

日陰鬘をほどいて中にある銭を取り出す子どもたち。棘が手を刺すが、これも通過儀礼の一つである

椀に盛られた赤飯と白飯を投げて、椀で受け取るイグイ投げ

四月

大和《おおやまと》神社 ちゃんちゃん祭り

法華寺雛《ひな》会《え》式《しき》

新薬師寺修《しゅ》二《に》会《え》おたいまつ

春の大神《おおみわ》祭

チンポンカンポン祭り

番条のお大師さん

吐山《はやま》のオンダ

八講祭

四月一日

大和神社《おおやまと》

天理市新泉町（地図209頁D－1）
JR長柄駅下車　徒歩5分

大和の春祭りの代表
ちゃんちゃん祭り

「祭り初めはちゃんちゃん祭り、祭り納めはおん祭り」と並び称される大和《おおやまと》神社のちゃんちゃん祭りは、大和国で最も早く行われる春祭りです。神社の郷中である九つの町（成願寺《じょうがんじ》、兵庫、長柄《ながら》、新泉《にいずみ》、岸田、佐保庄《さほのしょう》、三昧田《さんまいだ》、萱生《かよう》、中山）の氏子の頭屋制度が祭りを支えています。前月二十三日に頭屋入りを済ませた頭屋と頭人児《とうにんご》は、門神さまと呼ばれる神屋を設えて、大祭の日の四月一日まで毎日、神社へ参拝します。

大祭当日の朝、座中の氏子は浄衣を着て集まり、午前中の神事の後、お渡りが始まります。天狗の面をかぶる猿田彦と鉦鼓《しょうこ》を先頭に梅の幹と小幣、錦旗、竜頭などを持った二百名ほどの大行列は、長さ百メートルを越えます。神社を出ると集落を抜け、上街道を南下して、山の辺の道にある

3月23日の宮入り。頭屋と頭人児が神社に参拝し、祭礼に必要なものをいただいて帰る。この日から祭りの準備が始まる

本社を出発するお渡りの一行。お渡りの順番はくじびきで決まる

御旅所・大和稚宮神社境内での会食。この日は「おおやまとレンゾ」と呼ばれ、農業を休み、1日をゆったりと楽しむ

中山の大和稚宮《わかみや》神社へ向かいます。

御旅所になる大和稚宮神社で、お渡りの一行はゴザを敷いて町名の旗を立て、風車や鏡餅をおいて、各町ごとに会食をします。神輿は社前に置かれ祭典が行われますが、氏子らはそれには参加せず、弁当を広げて酒盛りをしています。夕刻、兵庫による「龍の口の舞」と新泉による「翁の舞」が奉納されます。どちらも舞いの所作とは思えないような仕草です。

再び、元の道をたどって還御します。御旅所の稚宮神社は大和神社の祭神日本《やまと》大国魂《おおくにたま》大神の母神を祀ると伝えられ、この祭りは母神様のもとへの里帰りであるといわれます。それゆえ、御旅所へ向かうときは母に会いたい一心から早く歩き、帰りは名残を惜しみつつゆっくり歩くという言い伝えがあります。本社へ戻るころには暗くなっており、ここでも「龍の口の舞」と「翁の舞」が奉納され、全ての行事が終了します。

ちゃんちゃん祭りの名称の語源になる鉦鼓。叩くと「ちゃんちゃん」と音が鳴ることからこの祭りの名が付いたのだろう

兵庫の子どもが奉納する龍の口の舞。二基の神輿の周りを龍頭を持って三回半まわる

新泉が奉納する翁の舞。菅笠姿で鋤を持って舞う翁が耕作の所作をしたあと、「オミタラシの神、ワー」と叫び、樫の葉を放り投げる

四月一〜七日

法華寺門跡

奈良市法華寺町（地図207頁C－2）
近鉄大和西大寺駅下車　奈良交通バス法華寺前下車　徒歩5分

国宝十一面観音の宝前に五十五体の善財童子《ぜんざいどうじ》が並ぶ

法華寺雛会式《ひなえしき》

雛会式は、法華寺を建立した光明皇后が亡くなられた翌年から始まった法要が、現在まで続いているといいます。国宝の本尊十一面観音菩薩像の前の祭壇に五十五体の善財童子像がずらりと並び、愛らしい表情や仕草がそれぞれ異なります。善財童子は、文殊菩薩の導きにより五十五人の善知識を訪ねたという求道者で、光明皇后が信仰されたといいます。小さな童子像は「ひな」と呼ばれたことから雛人形の起源ともいわれています。御門跡をはじめとする尼僧が柔らかい称名を唱える様は、絵巻に見るような情景で、尼門跡寺院らしい気品が漂います。

雛会式では、その一週間の期間中、毎日異なる経文が唱えられる

四月八日

新薬師寺修二会《しゅにえ》おたいまつ

天平以来一千年の歴史がある薬師悔過《けか》法要

新薬師寺

奈良市高畑町（地図207頁D－3）
近鉄奈良駅下車　奈良交通バス破石町下車　徒歩10分

桜が咲く時期に営まれる新薬師寺の修二会。昔は数日にわたって行われていましたが、現在は四月八日の一日だけの行事になっています。日没のころ、東大寺二月堂の修二会と同じように長さ七メートルの「おたいまつ」に先導されて、導師ら十一人の僧侶が一人ずつ本堂を回って北側の出仕口から入堂します。最後のひときわ大きい籠松明は、くるっくるっと力強く回されると火の粉が舞い落ちて境内を清めます。松明の火は道灯りを意味するもので、本尊薬師如来に滅罪、厄除けを祈願する薬師悔過の行法として千年の歴史があります。

僧侶の持つ10～11本のおたいまつが本堂を一周し、薬師如来の功徳を讃える

四月九日

大神《おおみわ》神社

桜井市三輪（地図209頁Ｄ－２）
ＪＲ三輪駅下車　徒歩５分

桜並木の中を行く若宮社の神輿

春の大神《おおみわ》祭

大和の春に行われる一大盛儀

大和国一ノ宮の大神神社で行われる春の大神祭は、古来「卯の日の神事」と呼ばれ、起源は崇神天皇の時代まで遡るという二千年来の伝統を誇る祭典です。崇神天皇の時代に茅《ち》渟県陶邑《ぬのあがたすえむら》より、大直禰子《おおたたねこ》を初代神主として里人がお迎えした時の様子を伝えるものといわれます。ハイライトは例祭を終えた九日午後、鎧兜に身を包んだ馬上武者や公家の服装をした人々が三輪の町を練り歩きます。一行が着飾った衣装は豪華絢爛で一大時代絵巻の様相です。艶やかに桜咲く三輪恵比須神社に向かう神輿には若宮（大直禰子神社）の御霊が遷されています。若宮さんのお渡りということから若宮神幸祭とも呼ばれています。

四月十八日

影現寺《ようげん》・柿本神社

葛城市柿本（地図209頁B－3）
近鉄新庄駅下車すぐ

歌聖・柿本人麻呂を祀る行事

チンポンカンポン祭り

万葉の歌聖といわれた柿本人麻呂の命日、四月十八日に葛城市柿本の影現寺と柿本神社でチンポンカンポン祭りが行われます。一風変わった祭りの名称は以前、会式と神事の間に打ち鳴らしていた太鼓や鉦、笛の音に由来しているといわれています。戦前まで行われていた鉦や太鼓の音を聞くことはできなくなりましたが、祭礼は今でも地区の人らに守られ、はじめに影現寺での法要、引き続き柿本神社で神事を行うもので、神仏習合の様子が残っています。

柿本神社における恒例の餅撒き

影現寺での法要。影現寺は、弘法大師空海の高弟、真済の創建と伝えられ、柿本神社の神宮寺である。いくつかある人麻呂誕生地の一つ

四月二十一日

個人宅で祀られる弘法大師の八十八ヶ所巡り

番条のお大師さん

番条町

大和郡山市番条町（地図207頁C－4）
JR郡山駅下車　徒歩25分

環濠が残されている大和郡山市番条町の集落では、各家で弘法大師の小さな座像を祀っており、合計八十八体の大師像があります。文政十三年（一八三〇）にコレラが流行した際、人々が申し合わせて弘法大師を信仰することになって四国八十八ヶ所を巡拝し、信仰し始めたのが始まりだとされています。そして毎年、弘法大師空海の入定の日である四月二十一日だけ、各家の厨子に入った大師像を玄関先に祀り、誰でも参拝できるようにする行事が続けられています。いわば、この日だけ番条の一軒一軒が四国八十八ヶ所のような霊場になる訳です。

番条町から他所へ引っ越す場合、お大師さんは置いていかなければならず、お大師さんを親戚などに預けるきまりのため、二体の弘法大師像を安置する家もみられる

番条町八十八ヶ所は年に一回、この日だけ巡拝することができる

四月二十九日

恵比須神社

奈良市都祁吐山町（地図208頁F－1）
近鉄榛原駅下車　奈良交通バス針インター行き吐山下車　徒歩5分

吐山《はやま》のオンダ

一歳未満の男児が「御田子《おんだこ》」の役を努める

射手乳子が、的板三枚を三ヶ所に据え付けて一枚ずつ矢を射る

旧都祁《つげ》村の吐山で行われるオンダは、お渡りやお田植え、弓打ちなど多種多様な所作があります。中でも特色があるのは、乳児が務める「御田子《おんだこ》」と呼ばれる役があることです。九つの大字から一人ずつ、昨年のオンダ以降に生まれた生後一年未満の男児が御田子に選ばれます。父親は竹で編んだ笠を御田子にかぶせ、苗に見立てた杉の葉をもたせて放り投げます。これがお田植えになります。恵比須神社と、近くの下部《おりべ》神社でお田植えは行われます。そして最後に的打ちがあります。的を射るのは射手乳子《いてのちご》と呼ばれる役を務める子どもで、その華やかな装束が目を引きます。

御田子のお田植え。「ウエヨウジョ、ウエヨウジョ」。近年は少子化のため、乳児がいない場合、御田子を出さない集落や、2～3歳の子どもを昨年に続けて御田子とする集落もある

四月十二日に近い日曜

談山《たんざん》神社

桜井市多武峰（地図209頁D－3）
JR桜井駅下車　奈良交通バス談山神社行き終点下車　徒歩5分

八講祭

中世から続く藤原鎌足を祀る民間行事

談山神社のある多武峯《とうのみね》の麓の集落では、藤原鎌足の掛軸を本尊として祀る民間信仰の講があります。この室町時代から続くといわれる八講祭は、八つの大字の講が年番で務める法華八講で、現在は談山神社の神廟拝所で行われています。中央に藤原鎌足公、向かって右下に僧形の長男定慧《じょうえ》、左下に次男不比等が描かれた多武峯曼荼羅を中心に、寒山拾得《かんざんじっとく》の掛軸を両脇に掲げます。参列者らは「南無談山大明神」と唱え、鎌足父子の霊を慰めます。八年に一度ですが、今井谷地区の当番年だけは、今井谷にある満願寺で開かれます。ここには、八講桜と呼ばれる枝垂桜があり、この時期、つぼみが一輪ずつほころび始めます。

平成18年に満願寺で行われた八講祭。例年は談山神社神廟拝所で行われるが、8年に一度、今井谷地区の当番年だけは地元の満願寺で開催される

五月

氷室《ひむろ》神社 献氷祭
久米寺練供養
地黄《じおう》のススツケ行事(ノグッツアン)
野口神社 汁かけ祭り
野依《のより》のオンダ
弁天一万度祭
叡尊生誕祭
傘堂祈願
當《たい》麻《ま》寺《でら》聖《しょう》衆《じゅ》来《らい》迎《ごう》練《ねり》供《く》養《よう》会《え》式《しき》
唐招提寺うちわまき
いっぱいだまし

五月一日

氷室神社

奈良市春日野町（地図207頁D－3）
近鉄奈良駅下車　徒歩15分

製氷業者の信仰が厚い

氷室《ひむろ》神社献氷祭

平城遷都の年である和銅三年（七一〇）、春日山麓の窟に氷の神を奉祀し、池に吉城《よしき》川の清流を引き入れて厳寒に結氷させ、その氷を氷室《ひむろ》に貯蔵して夏に朝廷へ献上したといいます。その翌年の六月一日に献氷祭を行ったのが始まりとされていますが、その後衰微していたのを明治四十五年（一九一二）に復興されて現在に至っています。昭和三十五年（一九六〇）からは五月一日に行われ、製氷業者が夏の商売繁盛を祈念する祭典として、神前に鯛と鯉を封じ込めた特別の氷柱を奉納し暑い夏の到来を祈ります。

奈良時代に朝廷へ氷を献上していたことにちなんで、献氷祭が行われる

久米寺

橿原市久米町（地図209頁C－3）
近鉄橿原神宮前下車　徒歩5分

小さな阿弥陀仏を捧げ持ち、上体を揺らして来迎する観世音菩薩は「すくいぼとけ」と呼ばれる。大勢至菩薩、薬王菩薩など、二十五菩薩のお練りが続く

ツツジが咲き誇る「久米レンゾ」
久米寺練供養

久米寺を創建したのは聖徳太子の弟の来目《くめ》皇子だとされています。皇子が七歳で目の病気を患ったとき、聖徳太子の勧めで三日三晩の願掛けを七回、あわせて二十一日間行ったところ、二十五菩薩に守られながら降りてきた薬師如来が見えて病気が治ったと伝えられています。このことから始まった練供養は、田植えなど忙しくなる農繁期を迎える春の行事で、「久米レンゾ」とも呼ばれる会式です。護国道場から金堂まで現世と浄土を結ぶ長い架け橋が渡され、ツツジが咲き誇るなか、厳かな音色とともにゆっくりと渡っていきます。

五月四日

地黄町・人麿神社

橿原市地黄町（地図209頁C－2）
近鉄大和八木駅下車　徒歩15分

現在は墨汁なので「スミツケ祭り」とも呼ばれるが、本来は竃の煤を集めてそれを付けていたことから「ススツケ祭り」という

ススツケ祭りで有名な
地黄町の野神行事

地黄《じおう》のススツケ行事（ノグッツアン）

県指定無形民俗文化財
（野神行事は国選択無形民俗文化財）

奈良盆地ではこの時期に子どもが中心となって「ノガミさん」を祀る行事が見られます（80頁）。橿原市地黄町では、野神行事に付随して、裸の子どもに墨汁を塗りつける「ススツケ祭り」という民俗行事が行われています。

当日、当屋の門口に三宝に載せた蝋燭とカワラケの盃が置かれています。笹竹を手にした子ども二名が笹竹を打ち付け、灯明を消し、カワラケを砕くと、ススツケ祭りのはじまりです。子どもたちは人麿神社に向

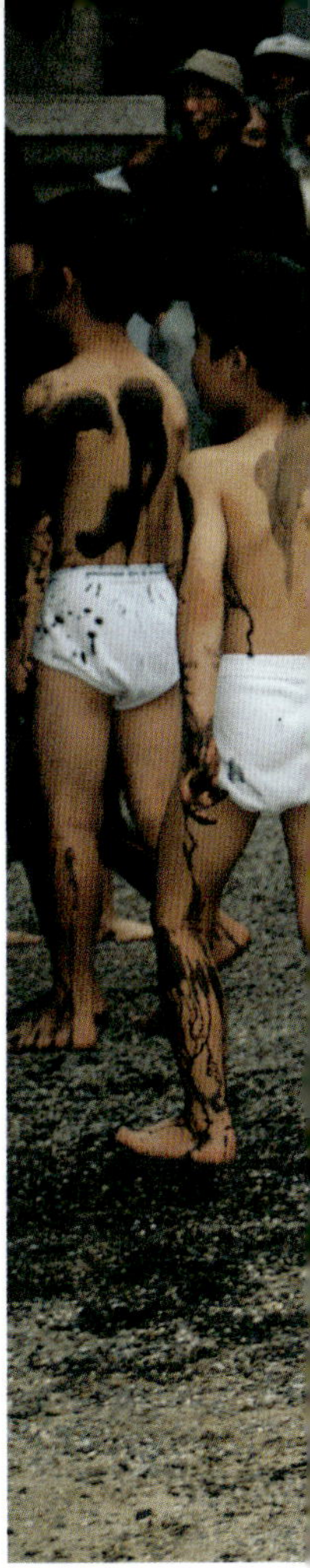

かって走っていきます。ススツケ会場の境内では小学校高学年から中学生の大きい子どもが待っており、綿を布で包んだ球に墨汁を含ませたもので塗りたくります。多くつくほど豊作になるといい、最後には顔まで真っ黒になって目だけが光っています。昔は村中を逃げまわる子どもを追いかけ、塗りつけていたといいます。

その日の夜、子どもたちは会館（かつては当屋宅で行われた）に一泊のお籠りをします。子どもは野神に奉納する二枚の絵馬に農耕作業の牛馬や鋤、鍬などの農具の絵を描き、大人は五メートルぐらいある蛇を藁で作ります。翌朝四時、御幣を取り付けた蛇を先頭に絵馬やブリ、塩、お米、酒などを持って、北方にある「ノグッツアン」と呼ばれる野神の塚へ向かいます。行きは声を立てずに静かに行進しますが、お参りを済ませた帰り道では大声で「ノーガミさん、おーくった、ジージもバーバも早よ起きよ」と囃しながら、子どもたちは元気良く戻ってきます。

㊤午前4時にノグッツアンへ向かう子どもたち。行きは声を立てず静かに行進する
㊥ノグッツアンと呼ばれる野神の塚に参拝する一行
㊦ノグッツアンはこんもりとした森の中にあり、気軽に覗くのも憚られるような雰囲気がある

五月五日

野口神社

御所市蛇穴（地図209頁B－4）
JR・近鉄御所駅下車　徒歩25分

汁かけ祭り

蛇に味噌汁をかける野神行事

国選択無形民俗文化財

葛城山をのぞむ御所市《ごせし》蛇穴《さらぎ》は、若い頃の役小角《えんのおづぬ》（修験道の祖・役行者）ゆかりの地です。隣村の玉手の長者の娘が、葛城山へ修行に向かう若き役小角に恋をしましたが相手にされず、娘はついに蛇身となって毎日後を追うようになってしまいました。あるとき、村人がこの蛇を見て驚き、手にしていた味噌汁をかけて逃げたのですが、再び様子を見に来ると蛇は井戸に隠れていたので、石で塞いでしまいました。これを哀れに思った村人たちは、娘を野口大明神として祀り、汁をかける行事を始めたといいます。これが、「蛇穴」の地名の由来でもあります。

祭礼前日の五月四日、蛇綱の頭部が頭屋宅で作られ、祭礼当日の午前中に野口神社で蛇体が作られます。昼どきになり祈年祭が執行されますと、そのあとに豆腐とワカメが入った味噌汁をかける作法が行われます。神官が煮えたぎった大釜に笹の葉をつけて湯立て神事のように汁を飛ばします。参拝者にも味噌汁が振舞われます。この後、御神体の龍を先頭に、蛇綱が集落内を巡行し、終わると蛇綱は蛇塚に巻かれ、御神体は次の頭屋に送られます。

汁かけ祭りで作られる愛らしいジャ（蛇）。胴体の長さは14メートルほどにもなる

汁かけ。かつては村民同士、一張羅であろうと晴れ着であろうとかけまくったという

特集

大和の野神《ノガミ》行事

国選択無形民俗文化財

橿原市五井町のノガミ。蛇綱を榎《ヨノミ》の木に恵方に向けて上から下まで巻き付ける。珍しく1月に行われる野神行事

奈良盆地中南部

奈良盆地には、「野神《ノガミ》」と呼ばれる祠や塚、あるいは木（主に榎）があり、農耕の守護神として田植え前の五月から六月にかけて、野神行事が行われています。

「ノガミ」、「ノガミサン」、「ノーガミ」、「ジャマキ」など呼び方もさまざまに盆地部を中心に広く分布しており、地域的に特色ある実態を記録保存する必要性から、「大和の野神行事」として一括して国選択無形民俗文化財になっています。

奈良盆地の北部と中南部とで地域差があり、
中南部の野神は、
藁で「ジャ（蛇）」などと呼ばれる綱を作って
雨乞いをする形態が多く、
子どもが中心の行事であることも特徴です。
また、鍬や鋤などの小型の農耕具をつくって
奉納をするところもあります。

川西町下永のキョウと呼ばれる野神行事。西城《にしんじょ》と東城《ひがしんじょ》のそれぞれに「ジャジャウマ」と呼ばれる蛇が出る。写真は榎《ヨノミ》に立てかけられた西城のジャジャウマ

同じく下永のキョウでの、東城のジャジャウマ。カワラケで作られた眼がつけられている

天理市平等坊のノガミサン。戦前は、水路のなかに入って暴れたり、蛇に水を飲ませたりして、泥まみれでお渡りをしていたという

別途、紹介している
地黄《じおう》町人麿神社のススツケ行事（76頁）、
野口神社汁かけ祭り（78頁）、
鍵の蛇巻き（94頁）、
今里の蛇巻き（95頁）、
シャカシャカ祭り（96頁）は、
いずれも中南部の野神行事です。

桜井市箸中のノグチサン。麦藁でムカデを表している。17歳の男子が土用の丑の日前後の日曜に行う。17歳の男子がいない年は行われない

奈良市芝辻町のノガミ。近鉄新大宮駅に近く、宅地化が進んで農業をしている人はほとんどいなくなったが、野神行事だけは続けられている

奈良盆地 北部

一方北部では、子どもは参加せず、農家組合や水利組合の大人が行うことが多く、行事の後に農事の相談をします。綱や模造農耕具を作ることもなく、牛の安全祈願をする牛参りの形態が多いのが特徴です。

しかし、北部も中南部も田を守護する農業守護神として野神を祀り、五穀豊穣を祈願する点では共通しています。榎《ヨノミ》に祀られることが多いことも共通しており、読み方も「ヨノミ」と呼ばれています。こうした野神行事は滋賀県でも盛んに行われています。

奈良市法蓮佐保田のノーガミ。「野神」と書かれた塚で行われる野神行事

不退寺のある奈良市法蓮東垣内のノーガミ。農作業に関わりの深い牛馬の絵馬が奉納されている

五月五日

白山神社

宇陀市大宇陀区野依（地図208頁E－3）
近鉄榛原駅下車　奈良交通バス大宇陀行き野依下車　徒歩5分

野依《のより》のオンダ

端午の節句に行われるオンダ

県指定無形民俗文化財

五月五日（元は旧暦）に行われることから「節供オンダ」と呼ばれています。野依には、宇陀川を挟んで川東二十七戸と川西二十六戸でそれぞれ組織される頭家講があり、ここから選ばれた頭家二人（大頭《だいとう》と小頭《しょうとう》）が氏神である白山神社の一年間の祭祀を司ります。この頭家が中心となってオンダが行われます。大頭は翁の面を付けて、烏帽子《えぼし》素襖《すおう》姿で腰に杵とゴザを吊り下げ、田主《タヌシ》の役になり「オジー」と呼ばれます。小頭は嫗《おうな》の面を付けてお櫃を担ぎ、間炊《ケンズイ》持ちの役になり「オバー」と呼ばれま

大頭が演じる「オジー」と呼ばれるタヌシドンは、「タヌシドンの申すには、八百世の中、よねまでよいように、ようござった」という唄に合わせて、蛇の目傘を開いたり閉じたりする。これは降雨を暗示しているものと思われる

す。他の人々が植女《ショトメ》（早乙女）、荒鍬、馬鍬《マンガ》、小鍬、苗役（苗籠持ち）、唄い手などの役を務め、それぞれ唄に合わせて農耕の様子を演じます。野依では他のオンダと違い牛は登場しません。頭家二人が翁（オジー）や媼（オバー）に扮するのも珍しく、傘を開いたり閉じたりする所作も独特ですし、県内のオンダ行事の中でも特色のあるものです。

苗役による苗配りの所作。苗に見立てたウツギの小枝が撒かれる

「ワッ」と叫ぶ人。これは間炊を食べさせる所作に対して、十分にいただいたことを示す返答の表現であるという

小頭が演じる「オバー」と呼ばれる間炊《ケンズイ》持ち。お櫃を担いでいる

植《ショト》女《メ》も男性が扮する。この舞によって、象徴的に田植えが表現される

五月五日

八幡神社

奈良市月ヶ瀬桃香野（地図206頁G－2）
JR・近鉄奈良駅下車 奈良交通バス石打行き桃香野下車 徒歩10分

弁天一万度祭

椿の葉を一万枚数える

旧月ヶ瀬村桃香野《ももがの》の八幡神社では、椿の葉を一万枚数えて神前に奉納する弁天一万度祭が行われます。参加者たちは用意された椿の枝を一本ずつ手に持って伊勢音頭の囃子が響くなか、鳥居と本殿の間をお百度参りのようにぐるぐる回ります。手水鉢の水で清めた綺麗な葉を一枚ずつ枝からむしり取っては本殿前に置かれた箱に入れていきます。置かれた葉は役員がさらに綺麗なものを選んで本殿に置かれた一の位、十の位、百の位、千の位を示す箱へ順に送っていきます。これを繰り返し最奥の葉が十枚集まると一万枚が数えられたことになります。その中から選ばれたのが最も美しい葉となり、そのあとの奉告祭で氏神様に献上されます。

一の位、十の位、百の位、千の位を示す箱に葉を入れていくことで、一万枚を数える

一万枚の中から厳選された一枚の椿の葉

五月第二日曜　大和郡山市白土《しらつち》町

大和郡山市白土町（地図207頁D－4）
JR・近鉄奈良駅下車　奈良交通バス白土町行き終点下車　徒歩10分

叡尊生誕祭

生誕地で、興正菩薩叡尊《こうしょうぼさつえいそん》上人の誕生を祝う

当日は、興正菩薩叡尊上人の銅像も御開帳されている

西大寺中興の祖である興正菩薩叡尊上人は、建仁元年（一二〇一）、大和国添上郡箕田、現在の大和郡山市白土町で生まれました。その白土町にある浄福寺の境内に、叡尊上人の銅像を祀るお堂があり、そこで法要が行われます。例年、西大寺の僧侶も参列します。

叡尊上人は鎌倉時代の僧侶で、当時の仏教界の堕落を改めようと戒律の復興を志し、受戒者は六万人を越えたといいます。難病患者の病院である北山十八間戸を奈良坂に建てるなど、弱者の救済には特に力を注ぎ、殺生禁断や、架橋事業など社会事業を大いに行いました。そのような郷土の偉人を誇りに思う地元の方々による保存会の力で、大切に続けられている行事です。

五月十四日

傘堂

葛城市染野（地図209頁A－2）
近鉄当麻寺駅下車　徒歩15分

垂れ幕の中の柱に身体をつけて祈願する。身に付けているオコシ（腰巻）には朱印が押されている

傘堂祈願

御朱印を押した
オコシを巻いて
離苦生安楽

葛城市染野に、真柱一本のみで宝形造の瓦屋根を支える風変わりな建物があります。傘堂と呼ばれているその建物は、大和郡山藩主本多正勝の家臣で当地の郡奉行を務めていた吉弘統家《よしひろのりいえ》が、君主の没後、菩提を弔うために、延宝二年（一六七四）に建立された影堂です。

五月十四日、近くの當麻寺で二十五菩薩練供養が行われる同じ日、大勢の人が傘堂を訪れます。下の世話にならず、楽に往生できるように祈願する、いわゆる「ぽっくり」信仰です。参拝者は垂れ幕の中に入り、柱の四面に体をつけて祈ります。腰に御朱印を押した腰巻か晒し布を巻いて、柱の周囲を身体を接しながら回り、安楽往生を願います。

垂れ幕がない状態の傘堂

五月十四日

お練り供養の代表格

當麻寺《たいまでら》
聖衆来迎練供養会式《しょうじゅらいごうねりくようえしき》

国選択無形民俗文化財

當麻寺

葛城市當麻（地図209頁A－2）
近鉄当麻寺駅下車　徒歩10分

奈良でも久米寺をはじめ、各地でお練りの行事がありますが、その中でもとりわけ歴史があり、規模も大きい練供養が當麻寺で行われます。蓮糸曼荼羅で有名な中将姫《ちゅうじょうひめ》が、生きたまま成仏したという伝承を再現したお練りになっています。曼荼羅堂を極楽浄土、東側の娑婆《しゃば》堂を人間の俗世界に見立てて、両間を結ぶ長さ約百十メートルの長い来迎橋を練り歩きます。お練りが終了すると、天気の良い日は眩しい太陽が二上山の鞍部に沈み、西方浄土を連想させる景観が余韻を残してくれます。

かつてはこの日を「當麻レンゾ」と呼んで、農家は農作業を休み、お練りを見学に訪れました。

「スクイボトケ」と呼ばれる観音菩薩が、娑婆堂から曼荼羅堂（極楽浄土）へ帰る。金の蓮台に乗って中将姫が極楽へ向かう

五月十九日

唐招提寺

奈良市五条町（地図207頁C－3）
近鉄西ノ京駅下車　徒歩10分

唐招提寺うちわまき

尼僧手作りの由緒を物語るかのようなハート型の団扇

唐招提寺を創建した鑑真《がんじん》和上の再来と崇められた中興の祖、大悲菩薩《だいひぼさつ》覚盛《かくじょう》上人の命日であるこの日、講堂で梵網会《ぼんもうえ》が営まれた後に、ハート型の団扇を鼓楼《ころう》から撒く「うちわまき」が行われます。その由来として、覚盛上人を刺そうとした蚊を弟子が追い払おうとしたところ、上人はそれを制して、蚊に血を与えるのも布施の行と戒めたという故事が伝えられています。上人の入寂後、法華寺の尼僧が、せめて蚊を追い払う団扇ぐらいは霊前にお供えしたいと手作りの団扇をすすめたのが、うちわまきの始まりとされています。現在は寺の関係者が、三千本の団扇を正月から準備されています。

団扇の希望者が多かったことから、餅撒きのように撒かれる行事に発展したものと思われる

撒かれる団扇は魔物を遠ざける「魔除けの宝扇」といわれ、雷難、火難除けとしたり、農家では害虫除けに苗代に立てることもある

五月不定期

国津神社

奈良市都祁南之庄町（地図208頁E－1）
近鉄榛原駅下車　奈良交通バス針インター行き都祁南之庄下車　徒歩5分

いっぱいだまし

子どもたちを騙す行事

都介野《つげの》岳で田植えを無事に終えたことを奉告する毛掛籠《けかけごも》りが行われたあと、「いっぱいだまし」という奇妙な名称の行事が国津神社で行われます。御幣を持った二老のあとに、太鼓を叩く氏子総代を先頭に子どもたちがついていきます。神社境内の石を回ったら神社の外の大石まで行き、それを回って神社へ戻ります。これを繰り返し三周しますが、三周目のとき、急に二老は反対方向へ戻っていき、子どもたちを騙してしまいます。この所作が「いっぱいだまし」といわれるのです。神社の西南にある金日《こんじつ》というところにいる狐狸が人々を騙すのを封じ込めるために始まったという言い伝えがあります。近年は写真のように子どもが集まりにくくなったと地元の人は嘆いています。

「いっぱいだまし、いっぱいだまし」と声を掛け合う

御幣を持った二老のあとを氏子総代が太鼓を叩きながらついていくが、総代らを騙して違う方向へ行ってしまう二老

六月

鍵の蛇巻《じゃま》き
今里の蛇巻き
シャカシャカ祭り
針ヶ別所の虫送り
室生の虫送り
率川《いさがわ》神社　三枝《さいぐさ》祭り
すももの荒神さん
石上《いそのかみ》神宮　神剣渡御祭(でんでん祭)

六月第一日曜

八坂神社

田原本町鍵（地図209頁C－1）
近鉄石見駅下車　徒歩20分

蛇《ジャ》が集落を巡る野神行事

鍵の蛇《じゃ》巻《ま》き

国選択無形民俗文化財

六月の第一日曜に、田原本町の今里と鍵の集落でそれぞれ、蛇巻きという野神行事（80頁）が行われます。主役はいずれも十四～十七歳の男の子で、この子どもたちが頭持《かしら》ちという行事の主役になります。行事の内容は五穀豊饒を祈願する祭りですが、また、集落の子どもたちが大人の仲間入りを果たす機会でもあるのです。

八坂神社を出る鍵の蛇《ジャ》の頭部。今里の蛇に比べて非常に大きい。鍵では、稲藁に麦藁を編み込んで作られる

鍵は、唐古・鍵遺跡で有名な集落で、鍵の氏神である八坂神社の境内で蛇《ジャ》が作られます。後で紹介する今里の蛇とは違い、頭部が大きく、胴体はずいぶん細い形状になっています。神社を出発して集落を蛇が巡行するのですが、その途中、綱の引き合いがあります。頭持ちが先へ進もうとするのを、子どもが後ろで引っ張って邪魔をするので、なかなか進みません。また、「ドサン箱」と呼ばれる農具のミニチュアの入った箱が祝い事のあった家を巡るのも、鍵の蛇巻きの特徴です。地区外れの「ハッタハン」と呼ばれる八王子塚にある榎《ヨノミ》（エノキのことを「ヨノミ」と呼んでいます）に巻きつけられます。

「ハッタハン」の榎に巻かれた蛇。鍵では大きな蛇頭を下に、尾を木の上に、下り龍の形で巻きつけられる

六月第一日曜

杵築《きつき》神社

田原本町今里（地図209頁C－1）
近鉄石見駅下車　徒歩15分

今里の蛇《ジャ》。頭の部分を持つのが頭持ち。他の子どもたちも胴や尾を持って集落内を練り歩く

見物人も巻かれる蛇巻き

今里の蛇《じゃ》巻《ま》き

国選択無形民俗文化財

寺川に面する今里の集落は、明治の頃まで「今里の浜」と呼ばれる大和川水運の船着場があり、問屋町の多かった田原本の港として栄えたといいます。今里にある杵築神社の境内で、大人の当屋を中心に子どもたちが手伝いながら、全長二十メートルほどの蛇《ジャ》が作られます。その間、ワカメの味噌煮が参拝者に振る舞われます。

鍵の蛇が榎《ヨノミ》に巻きつけられるころ、今里では蛇の巡行が始まります。今里では蛇が一軒一軒の家の玄関まで訪れて、集落を巡行します。また途中、蛇が周囲にいる人たちを巻き込む、文字通り「蛇巻き」があります。今里の蛇は最後には杵築神社へ戻ってきて、境内の榎《ヨノミ》へとぐろを巻くように巻きつけます。頭部をクレーンで上げて、昇り龍の形で巻きつけます。榎の木の下には「ハッタハン」と呼ばれる野神の祠があり、牛と馬を描いた絵馬や農道具のミニチュアを供えて、酒盛りをします。

今里の蛇は巡行の途中、突然暴れ出し周囲にいる人たちを巻き込む。巻かれると一年を無病息災で過ごせるという

子どもたちが行事前日に工作した農道具と牛馬の絵馬

六月五日

橿原市上品寺《じょうぼんじ》町

橿原市上品寺町（地図209頁C－2）
近鉄大和八木駅下車　徒歩10分

「シャカシャカ」行く上品寺町の蛇《ジャ》

シャカシャカ祭り

国選択無形民俗文化財

橿原市上品寺町で行われる「シャカシャカ祭り」の語源は、大蛇が草むらを進むときの音だとか、子どもたちの「蛇《ジャ》が来た、蛇が来た」との囃した声からとかいわれています。治水や豊作を願う野神行事（80頁）と長男誕生を祝う儀礼が一体となって受け継がれています。

当屋の子どもに続いて男の子たちが麦藁で作られた蛇綱を担いで八坂神社境内を出発します。上品寺町内を巡行し、その途中で蛇に水を飲ませる所作を行います。これは、大蛇に酒を飲ませ眠らせて退治したという、人身御供の伝承に基づいています。新池跡地の南端の榎《ヨノミ》に蛇を巻き付けて行事は終了します。行事を終えた子どもたちは集会所で、子どもたちだけの直会《なおらい》があり、ワカメ汁が振る舞われます。

シャカシャカ祭りの蛇《ジャ》。赤い舌が印象的である

用水の水を飲ませる所作。最近では用水路が少なくなり柄杓でバケツの水をすくって蛇に飲ませることもある

六月十六日

針ヶ別所

奈良市針ヶ別所町（地図206頁F－4）
JR・近鉄天理駅下車　奈良交通バス六郷小学校行き針ヶ別所下車

陽が落ちるころ、法要で使用した蝋燭の火を持ち出して松明に火を移し、鉦叩きを先頭に列をなして地区を練り歩く

針ヶ別所の虫送り

虫送りと虫供養

虫送りは、田植え後の苗の生育時期にウンカ等が発生することから松明を焚いた灯りで虫を集め、駆除する行事です。東山中《ひがしさんちゅう》の各地で虫送りが行われますが、旧都祁《つげ》村の奈良市針ヶ別所でも虫送りが行われます。虫送りは農作物を荒らす害虫駆除の行事ですが、虫を供養する意味もあります。

長力寺でまず法要があり、それから鉦を先頭に、お松明、長力寺の住職、そして太鼓を打って一行は集落を歩きます。お松明の火は法要で用いた蝋燭からとられており、二キロほど練り歩いた後、とんど場で松明を燃やします。

六月夏至の頃

無山《むやま》・染田・小原・下笠間

宇陀市室生区（地図206頁G－4）
近鉄室生口大野駅下車　宇陀市営有償バス下笠間行き無山・染田・小原西口・下笠間　各停留所下車

室生の虫送り

室生笠間川流域の虫送り・虫供養

笠間川流域は上流から、宇陀市室生区の無山、多田、染田、小原、上笠間、下笠間、山添村毛原と集落が続いています。そこで虫送りの行事が伝承されており、無山、染田では夏至に、小原は夏至の前日、下笠間は夏至に近い土曜日にそれぞれ行われています。多田と上笠間では随分前から中断されています。

無山寺本堂で、虫送りの開始を告げる大太鼓と鉦

笠間川の最上流に位置するのが無山地区です。陽が落ちるころに無山寺本堂から大太鼓と鉦を叩いて、虫送りの始まりの合図を地区中に知らせます。虫送りの松明を手に持って、地区の周囲三キロを練り歩きます。地区内の境界四ヶ所に祈禱札を立てます。

染田の十輪寺では、都祁《つげ》白石の興善寺で祈禱された祈禱札を供えます。役員が集合すると、三役が前に座り般若心経を唱和し虫供養の法要を営み、続いて囲むように円く一同が座ると、鉦を叩いて「ナンマイダーブツ」と唱えながら数珠を繰っていきます。この虫祈禱の数珠繰りは、稲苗の生育を妨げる虫を殺し、駆除したことを懺悔《さんげ》する法要で、無病息災や豊作を祈ります。その後、夕闇が迫るころに太鼓と鉦で始まりを知らせると、子どもたちも参加して虫送りに出発します。

染田の虫送り。4キロの道のりを練り歩き、辻の三ヶ所に祈禱札を立てていく

小原では、里全域に響き渡る呼び出し太鼓を合図に地区の人は松明を

下笠間の虫送り

担いで境内に集まり虫祈禱の数珠繰りが始まります。境内というもののお寺はなく、百年ほど前の火事で焼けてしまってからは復興されていません。数珠繰りを終えると持ってきた松明に火を点け虫送りの行列が出発します。

下笠間もほぼ同様に法螺貝を合図に松明を担いで「とんど辻」に人が集まり、虫送りが始まります。村境に着くと松明を次々と重ね、僧侶が祈禱札を立てて鉦を叩き、般若心経を唱えます。

小原の虫送り。夕闇に包まれた日暮れのとんど場

六月十七日

率川《いさがわ》神社

奈良市本子守町（地図207頁D－3）
近鉄奈良駅下車　徒歩5分

三枝《さいぐさ》祭り

通称・ゆりまつりと呼ばれる優雅なる祭り

　率川神社は、奈良市内にありながら、桜井市の大神《おおみわ》神社の境外摂社です。中央に媛蹈鞴五十鈴姫命《ひめたたらいすずひめのみこと》が祀られ、両脇に父神・母神が祀られています。両親が姫神を擁護するように祀られていることから、「子守《こもり》明神」と呼ばれています。

　三枝《さいぐさ》祭りは、酒樽に三輪山でとれた三枝（笹百合）を飾ることからその名があります。四人の巫女が笹百合をかざして「うま酒みわの舞」を奉納します。その後、笹百合の造花を載せた山車を先頭に、お稚児さんや七媛女《ななおとめ》、ゆり姫が安全を祈願し市内を巡行します。大宝令にも記載のある祭礼ですが、明治十四年（一八八一）に復興され現在に至っています。

午後の巡行。七媛女、ゆり姫、稚児などが奈良の繁華街を練り歩く

四人の巫女による「うま酒みわの舞」

浴衣を着て参拝すると厄除けになるといわれている

六月二十八日

小綱町《しょうこうちょう》

橿原市小綱町（地図209頁C－3）
近鉄八木西口駅下車　徒歩5分

年に一度だけ参拝できる荒神さん

すももの荒神さん

　橿原市小綱町の飛鳥川堤に荒神跡があります。伝説では、遥か大昔に大洪水に襲われて三面六臂《さんめんろっぴ》の荒神像が失われましたが、およそ三百五十年前に埋もれていた木像が掘り出され、地区の方によって今でも大切に守られています。年に一回だけ六月二十八日に、入鹿《いるか》神社から荒神跡とされる地に荒神さんが戻り、夕方から御開帳されます。この日はすももが供えられ、「すももの荒神さん」と呼ばれており、大和三大荒神のひとつに数えられています。

　大和で最も早い夏祭りとされ、浴衣を着て参拝すると厄除けになるといわれています。火難除けや交通安全を願い、参拝者は夜更けまで訪れます。

すももの荒神さんの祭壇。すももが奉納されている

六月三十日

石上神宮

天理市布留町（地図209頁D－1）
JR・近鉄天理駅下車　徒歩30分

夏越祓《なごしのはらえ》の日に五穀豊穣を祈る

石上《いそのかみ》神宮
神剣渡御祭

（でんでん祭り）

神剣渡御祭は邪神退散と稲の害虫退散、五穀豊穣を祈願し、石上神宮から境外末社の神田《こうだ》神社へ渡御する祭礼です。でんでんと太鼓を打つことから、「でんでん祭り」とも呼ばれる神剣渡御祭は大和の夏祭りの先駆けとされています。神田神社に到着すると、まず同神社の例祭が斎行されます。続いて、社前の砂田にて牛の面を被った作男、畦作り、種まきを行う田男らのユーモラスな所作や、菅笠を被ったもんぺ姿の乙女たちによる御田植祭が行われます。

でんでんと太鼓を打ち、錦袋に入った神剣がお渡りをする

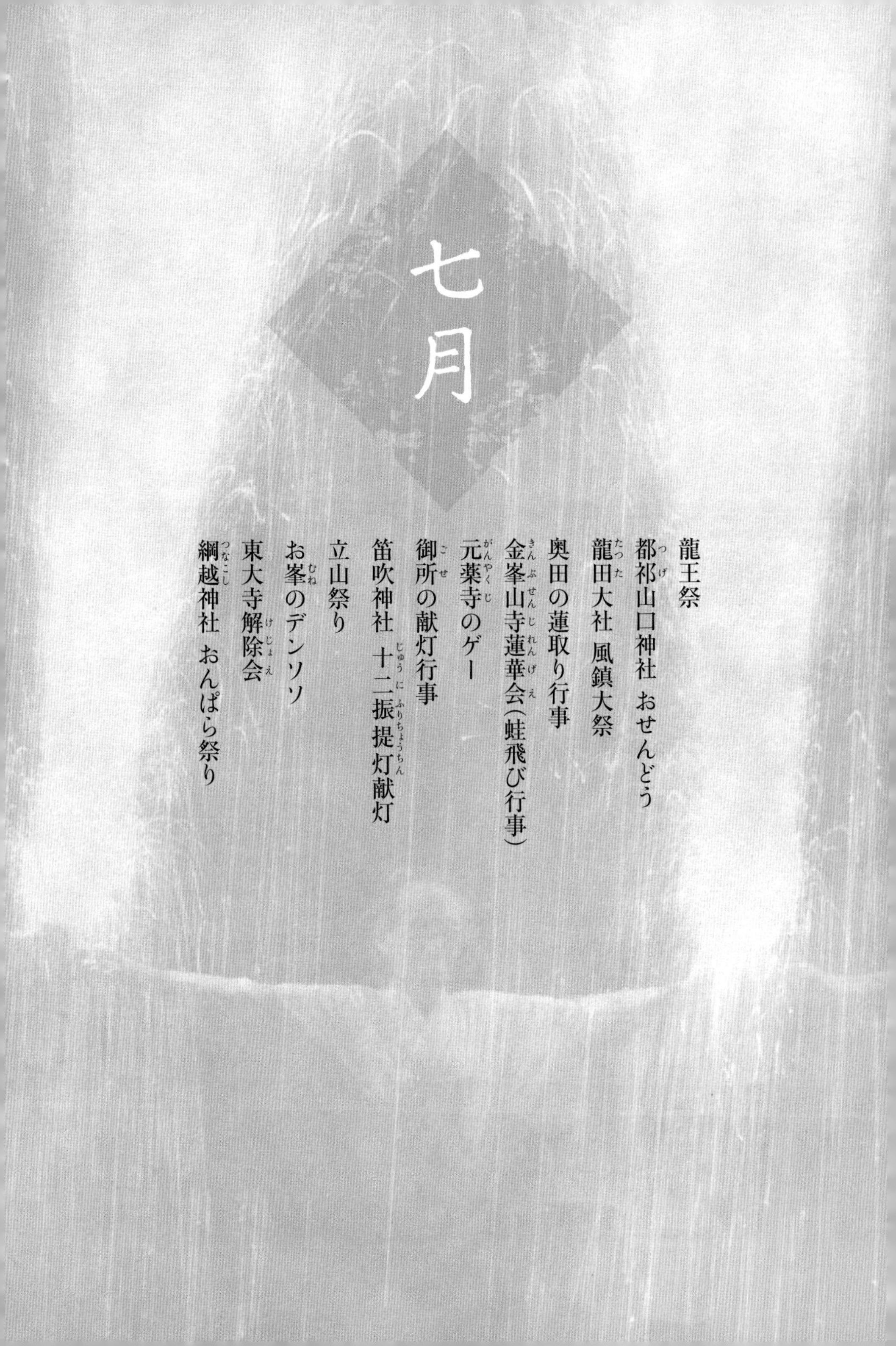

七月

龍王祭
都祁《つげ》山口神社　おせんどう
龍田《たつた》大社　風鎮大祭
奥田の蓮取り行事
金峯山寺《きんぷせんじ》蓮華会《れんげえ》（蛙飛び行事）
元薬寺《がんやくじ》のゲー
御所《ごせ》の献灯行事
笛吹神社　十二振提灯《じゅうにふりちょうちん》献灯
立山祭り
お峯《むね》のデンソソ
東大寺解除会《けじょえ》
綱越《つなこし》神社　おんぱら祭り

七月一日

龍王祭

神職と僧侶が祈願する

月ヶ瀬桃香野《ももがの》にある史跡龍王の滝は、修験道の祖・役小角《えんのおづぬ》が修行したと伝えられています。この日の早朝、桃香野八幡神社の宮座大人衆らが滝に集まって雨乞いを祈願する龍王祭が行われます。参詣者や子どもたちは、持ってきたかきもちなどを滝壺目掛けて投げ入れます。その後、八幡神社の宮守さんが祝詞を、善法寺の僧がお経を唱えます。

龍王の滝

奈良市月ヶ瀬桃香野（地図206頁G－2）
JR・近鉄奈良駅下車　奈良交通バス石打行き桃香野口下車　徒歩10分

龍王の滝で行われる龍王祭

七月一日

都祁《つげ》山口神社

奈良市都祁小山戸町（地図208頁E－1）
近鉄榛原駅下車　奈良交通バス針インター行き並松下車　徒歩20分

拝礼の様子。背中に樫の枝葉が乗っている

樫の枝葉を背中にかけていく

おせんどう

旧都祁村一帯の夏祭りは友田に鎮座する都祁《つげ》水分《みくまり》神社の男性神職が、各大字の神社を訪れて神楽を舞います。それが終わると、小山戸《おやまと》に鎮座する都祁山口神社で、おせんどうが始まります。二年神主を先頭に太鼓を打つ二名の副神主、手に樫の枝葉を持つ氏子が続いて拝殿下から一の鳥居までを渡御します。この一の鳥居辺りは「森神《モリガミ》さん」と崇められている地で、大昔に白蛇が出たという伝承が残されています。

森神さんに拝礼すると、一同は拝殿に向かって戻っていくのですが、その道中に氏子は手に持っていた樫の枝葉を神主の襟元に引っ掛けていきます。三往復する間に枝葉がびっしりと背に乗っかっている状態になります。「おせんどう」は「お千度参り」が訛ったものと思われます。

背中に樫の枝葉を載せる

七月第一日曜

龍田大社《たつた》

三郷町立野南（地図209頁A－1）
JR三郷駅下車　徒歩15分

約200本の手筒花火が夏の夜に奉納される

関西地方では珍しい手筒花火を奉納する

風鎮大祭

風鎮大祭は、崇神天皇の時代に風水害や凶作、疫病を鎮めるため風の神を龍田《たつた》に祀ったのが始まりといわれています。神事は災害や疫病、海上の平癒を祈願し、古式ゆかしく祝詞を奏上、巫女による龍田神楽や剣舞、居合抜の妙技が奉納されます。

夜は、風神手筒花火が奉納されます。手筒花火は愛知県豊川市に伝承されている三河伝統の古い花火で、専門の方の指導により龍田大社境内で行われます。宮司を筆頭に、両手に筒を持って、五メートルほどの火柱が上がります。手筒花火は最後の爆裂で底が抜け、爆音と火の粉の飛散で観客を圧倒します。

七月七日

捨篠池《すてしの》

大和高田市奥田（地図209頁B－3）
近鉄浮孔《うきあな》駅下車　徒歩15分

奥田の蓮取り行事

役行者《えんのぎょうじゃ》の母ゆかりの奥田での修験道の行事

県指定無形民俗文化財

大和高田市奥田の捨篠池（別名弁天池）で行われる奥田の蓮取り行事は、次頁の金峯山寺《きんぷせんじ》蔵王堂の蓮華会《れんげえ》と一連の行事です。蔵王堂や吉野大峯山内各所の霊所に奉納する蓮を摘み取る行事です。山伏が吹く法螺貝の音を合図に行者や代表者が乗った船は池を巡って蓮を摘み取ります。合計百八本の蓮を摘んだ一行は、この近くの善教寺、福田《ふくでん》寺行者堂、刀良売《とらめ》塚に参拝し、弁天神社で護摩供養が行われた後に、吉野山の金峯山寺へ運ばれます。刀良売は役行者の母と伝えられる女性で、刀良売の投げた篠萱《しのかや》が蛙の目に刺さり一ツ目になってしまったという「捨篠池の一ツ目蛙」の伝説が残されています。

捨篠池で蓮華会に使用する蓮を摘み取る山伏

七月七日

金峯山寺

吉野町吉野山（地図211頁D－2）
近鉄吉野駅下車　吉野山ロープウェイ乗り換え吉野山駅下車　徒歩10分

蛙を乗せた太鼓台が蔵王堂へ練り込む

修験道の験力を示す蛙飛び

金峯山寺《きんぷせんじ》蓮華会《れんげえ》

（蛙飛び行事）

県指定無形民俗文化財

奥田の捨篠池《すてしの》で採取された蓮は、金峯山寺蔵王堂の蓮華会に奉納されます。その蓮華会で、有名な蛙飛び行事が行われます。その昔、高慢な男が蔵王権現の神力に暴言を吐いたところ、大鷲にさらわれて断崖の上に置き去りにされてしまいました。改心した男を同寺の高僧が蛙の姿に変身させて救い、蔵王権現の宝前《ほうぜん》で元の人間に戻したという伝説に由来する行事です。午後、蛙の着ぐるみをかぶった男を太鼓台に乗せ、七夕飾りが立てられた竹林院を出発し、吉野山の参道を威勢よく蔵王堂へ向かいます。蔵王堂の前で、蛙飛びが奉納され、蛙は最後に僧侶の読経の功徳によって人間の姿に戻ることになります。

翌八日からは蓮華奉献《れんげほうけん》入峰《にゅうぶ》といい、金峯山寺の行者たちが大峯山山上ヶ岳への入峰修行に出発し、峰中《ぶちゅう》各所へ蓮が献花されます。

蛙飛びを終えて、僧侶の読経の功徳によって人間の姿に戻る

七月半夏生《はんげしょう》の頃（不定期）

元薬寺《がんやくじ》

奈良市上深川町（地図206頁G－4）
JR・近鉄天理駅下車　奈良交通バス国道山添行き国道小倉下車　徒歩30分

ゲー

田植え後の農休みに行われる行事

旧都祁《つげ》村上深川《かみふかわ》の元薬寺で行われるゲーは、氏神講の中で三十七歳になったら加入できる大人講の行事です。この日の午後、元薬寺のお堂に地区の大人講の人たちが集まり、本尊の両脇に葵の木を置き、灯明を点し、六枚の盆に九つの杯を並べて樒《シキミ》の葉を入れます。一同は、本堂で昼寝をしたあと、長老が鉦を叩いて念仏を唱えます。農作業は夏至を過ぎると田植えの時期に入り、夏至から十一日目にあたる半夏生《はんげしょう》のころには身体を休める「農休み」に入ります。半夏生のことを「夏《ゲー》」とでも呼んでいたのでしょうか。

なお、隣接する八柱《やはしら》神社で行われる題目立《だいもくだて》（150頁）は、この氏神講から派生したものとされています。

ゲーの祭壇。奈良豆比古《ならづひこ》神社の花摘祭でも、よく似た行事が行われている

七月十六日

鴨都波神社《かもつば》

御所市宮前町（地図209頁Ｂ－４）
ＪＲ・近鉄御所駅下車　徒歩10分

各自治会や若衆会がススキ提灯を奉納する

御《ご》所《せ》の献灯行事

鴨都波神社に奉納されるススキ提灯

県指定無形民俗文化財

旧御所町および五つの地区（東松本、竹田、南十三、蛇《さら》穴《ぎ》、元町）の氏神として崇敬されている鴨都波神社に奉納されるススキ提灯の献灯は、県内の献灯行事の代表格といえます。ススキ提灯は、四・五メートルほどの支柱に、高張提灯を上から二・四・四と合計十張を三段に吊り下げ、先端部に御幣を掲げたもので、提灯を連ねた形が稲積み（稲藁を積み重ねたもの）に似ているため、その名があります。

葛城公園に集まった三十基余りのススキ提灯は葛城川、柳田川の堤防沿いに練り歩き、鴨都波神社へ入ります。

ススキ提灯は、元は夏祭りのみでしたが、戦後になってから秋祭りの宵宮にも出るようになりました。

七月十七日

笛吹神社

葛城市笛吹（地図209頁A－3）
JR・近鉄御所駅下車　徒歩30分

幻想的に浮かび上がる十二振提灯

十二《じゅうに》振《ふり》提灯《ちょうちん》献灯

葛城市新庄の葛木《かつらぎ》坐《にいます》火雷《ほのいかづち》神社（通称　笛吹神社）の創建は崇神天皇の時代と伝えられています。夕闇が迫るころ、八ヶ大字の人らが伊勢音頭を高らかに唄いながら、夏越祭の十二振提灯を担いで神社に奉納します。伊勢音頭は大字ごとに節回しが異なっています。鳥居の前でも伊勢音頭を唄い、一基ずつ鳥居を潜って宮入りする提灯は勢いをつけて階段を登っていきます。十二振提灯は、長い竿に上から二・四・六と合計十二張の提灯を三段に付け、頂点に御幣を取り付けています。提灯の数に違いはあるものの類似したものは葛城市を含め、葛城山系の山裾に連なる御所市、五條市の秋祭りにも見られます。

伊勢音頭とともに神社に練り込む十二振提灯

平成15年の立山祭り。この年の立山は、宮本武蔵と佐々木小次郎の巌流島決闘

七月二十五日

東《ひがし》名《な》柄《がら》天満宮

御所市東名柄（地図209頁B－4）
JR・近鉄御所駅下車　奈良交通バス五條方面行き寺田橋下車　徒歩20分

立山祭り

「立山」を奉納する天神祭

大阪で天神祭が行われる同じ日、葛城山麓の東名柄天満宮でも天神祭が行われます。「立山」と呼ばれる作り物が出るので、立山祭りと呼ばれています。その年に話題になったものなどをテーマに、様々な材料で人形を作りあげます。

県内では他に、橿原市八木町の愛宕祭り、広陵町三吉の専光寺での地蔵盆で行われる立山祭りなどで立山が作られています。

七月二十八～二十九日
畝火山口神社《うねびやまぐち》

橿原市大谷町（地図209頁Ｂ－３）
近鉄橿原神宮西口駅下車　徒歩15分

畝傍山麓に響いていたという「デンソソ、デンソソ」
お峯《むね》のデンソソ

祭りに先立つ26日に行われる、吉野川でのお水取り（大淀町土田）

28日の神事の様子。神水が奉納される。
翌29日は盆踊りなどがある

畝火山口神社は、神功皇后《じんぐう》が三韓出兵の帰途、ここ畝傍《うねび》山で後の応神天皇を出産されたという伝承があり、安産の神様として信仰を集めています。以前は畝傍山の山頂に鎮座していましたが、昭和十五年（一九四〇）、紀元二千六百年に橿原神宮が整備拡張されたときに、神宮や神武天皇陵を見下ろす場所にあったことから、現在地に遷されました。夏季大祭のことを俗に「お峯《むね》のデンソソ」と呼ばれていますが、それは、山頂に鎮座していたころ、祭礼の太鼓の音が「デンソソ、デンソソ」と山の上から聞こえてきたことからその名が付いたといいます。

祭りに先立つ二十六日に吉野川で水を汲む神事があります。

出仕の僧侶が大きな茅の輪をくぐってから、
厄除けの法要が始まる

七月二十八日

東大寺大仏殿

奈良市雑司町（地図207頁D－2）
近鉄奈良駅下車　徒歩20分

寺院で行われる
夏越祓《なごしのはらえ》

東大寺解除会《けじょえ》

延喜元年（九〇一）に、東大寺別当の道義が、毎年秋の始めに流行する疫病を防ぐために、南都諸大寺に呼びかけ、僧侶や楽人を東大寺講堂に集めて大法要を行ったのが最初といわれています。講堂が焼失してからは、一時は食《じき》堂《どう》で、また大仏殿の中に祀られている如意輪観音を本尊として勤められてきました。応仁・文明の乱以後は中断していた時代もありましたが、江戸時代に再興され、今日では大仏殿で盧舎那仏《るしゃなぶつ》を本尊として勤められています。六月三十日に各地の神社で行われる夏越祓《なごしのはらえ》と同様の行事であり、厄除けの茅の輪が設置されます。法要後に茅の輪は大仏殿内に移され、一般の参拝者もくぐることができます。

七月三十一日

綱越《つなこし》神社

桜井市三輪（地図209頁D－2）
JR三輪駅下車　徒歩5分

大神神社大鳥居のすぐ南側に綱越神社は鎮座する。「水無月の夏越のはらえするひとは　千歳の命延ぶというなり」の古歌を唱えながら茅の輪を三度くぐって身を祓い清める

花火大会で県内に広く知られる「おんぱらさん」

おんぱら祭り

多くの神社では、毎年六月三十日に半年間の罪穢《つみけがれ》を祓い清め、厄除、無病息災を祈願する夏越祓《なごしのはらえ》が行われていますが、綱越神社では月遅れの七月三十一日に例祭として行われています。神社名の綱越《つなこし》は「夏越」から転訛したものといわれており、行事も御《お》祓《はら》いが転じて「御祓《おんぱら》さん」と親しみをこめて呼ばれています。

参拝者は、白紙で作られた「人形代《ひとかたしろ》」に名前と年齢を記載して三度息を吹きかけ、知らず知らずのうちに身についた半年間の罪穢を祓います。この夜は祭典に奉納するおんぱら祭りの花火大会があり、たくさんの花火客が訪れます。

夜に奉納される花火。奈良の人は「おんぱらさん」と言えば、この花火大会を思い浮かべる

八月

八月十三日　三村小学校（小原）
八月十四日　旧武蔵小学校（武蔵）
八月十五日　西川中学校（西川筋）

十津川村小原（地図212頁B－4）　近鉄大和八木駅下車
奈良交通バス和歌山新宮行き十津川小原下車　徒歩10分
十津川村武蔵（地図212頁B－4）　近鉄大和八木駅下車
奈良交通バス和歌山新宮行き十津川役場前下車　徒歩30分
十津川村重里（地図212頁A－5）　近鉄大和八木駅下車
奈良交通バス和歌山新宮行き十津川温泉乗り換え　十津川村営バス重里下車　徒歩5分

小原の大踊りに登場する笹竹に切子燈籠を吊り下げた灯籠持ち

日本一広い村、
十津川村で行われる夏の大踊り

十津川の大踊り

国指定重要無形民俗文化財

夏の夜、十津川村では盆踊りが集落ごとに広く行われていますが、なかでも小原、武蔵、西川の三地区では中世以来、数百年の歴史を持つ大踊りが伝承されています。室町時代に流行した風流《ふりゅう》踊りの流れを汲むといわれています。小原・武蔵・西川の各踊り保存会が保存継承に努めており、十三〜十五日まで日をずらして行われています。房を付けたバチや太鼓、扇、切

小原の大踊り。男性が太鼓打ちと太鼓持ちに分かれて並び、その後ろには女性が扇を手にして並ぶ。仮装をして踊りに加わる者もいる

子燈籠など、目にも鮮やかな踊りです。

十三日は小原の盆踊りで、三村小学校の校庭にヤグラを組んで、中央に青竹を立て、八方提灯を吊り下げて、そこで踊られています。馬鹿踊りと呼ばれる比較的簡単な踊りや、男性中心の男踊り、女性中心の口説きなど、さまざまな踊りを踊った後、最後に大踊りが踊られます。始めはゆったりとした調子で踊られますが、後半のセメに入ると、太鼓打ちが白・赤・緑の長い房のついたバチを振り回しながら、太鼓持ちの太鼓を激しく打ちます。女性はこれを取り囲むようにして、扇を左右に振ります。他の曲は、女性が音頭をとりますが、大踊りは男性と女性がかけ合いで歌います。さらに切子燈籠を持つ者や、仮装して踊りに加わる者もあり、大踊りは深夜まで踊られます。

十四日の武蔵の盆踊りも、廃

西川の大踊りの前に行われる、餅つき踊り

西川の大踊りのヨリコ。白い房のついたバチで太鼓を打つ

校となった武蔵小学校の校庭でヤグラを組んで行われます。小原と同じくさまざまな踊りが踊られた後、最後に大踊りがあります。武蔵の大踊りの歌詞には、「ナムアミダブツ」とあり、念仏踊りの系譜をひくものであることを示しています。

十津川村南西部の西川の川筋にはいくつかの集落があり、以前はその集落ごとに踊られていましたが、大正の頃より永井の集落に集まって、一緒に踊られるようになりました。十五日の西川筋の盆踊りは、ヤグラを組まないことが特色になっています。中央に長い笹竹を立てて提灯を張り巡らし、唄い手の場を設けています。また、他所では見られない餅つき踊りがあります。祝い唄の伊勢音頭や餅つき唄を囃しに餅搗きしぐさを交えて踊ります。西川には「ヨリコ」「イリハ」「カケイリ」という三曲の大踊りが伝わっています。この「カケイリ」の終わりに、締めくくりとする「ダイモチ」が行われます。

かつて、これらの踊りは寺の堂内で踊られていました。十津川村では、明治の廃仏毀釈のときに全ての寺院が排除され、仏教色が廃されましたが、こうして伝統芸能の中に残っています。また、今では大踊りを締めくくりとして、深夜に行事は終了しますが、以前はそのまま未明まで踊り続けたといいます。

数日後には、十津川温泉・昴の里で三地区の大踊りが、練習も兼ねて披露されています。

西川の大踊りのイリハ。女性は両手に扇を持ち、男性は胸に太鼓を吊り下げ、長い紅白の房の付いたバチで太鼓を打ちながら踊る

武蔵の大踊り。男性は太鼓持ちと太鼓打ちに分かれ、太鼓打ちは房の付いたバチを振りあげ、はねるようにして太鼓を打つ

八月十四～十五日

高原氏神神社

川上村高原（地図210頁F－3）
近鉄下市口駅下車　奈良交通バス湯盛温泉杉の湯行き終点下車　徒歩30分

「チャンゴカゴ」と呼ばれる勇壮な儀式

高原《たかはら》の法悦祭（ホーエッサイ）

川上村高原は、文徳天皇第一皇子である惟喬《これたか》親王が、皇位継承にまつわる政争に敗れて隠遁生活を送ったとされる伝承地の一つです。「チャンゴカゴ（鎮護加護）」とも呼ばれる法悦祭は、その惟喬親王の霊を慰めたのが起源と伝えられています。

十四日の宵宮は、夕刻に大目付ら役員の方々が御供所に集まってから始まります。鉦叩きがカンカンと調子をとり、薬師堂の天井から吊された太鼓を、「ホォー、エッサィッ」のかけ声にあわせて廻り打ちします。徐々にリズムが早くなり、最後には太鼓台ごと大きく振り回す勇壮な行事です。

惟喬親王御用水の井戸からご神水を汲む

本祭の十五日は、夕刻に氏神神社を出発し、数キロ離れた惟喬親王御用水の井戸までご神水を汲みに行き、それから一行は井口八幡神社に参拝、氏神神社に戻ります。到着すると鳥居や本殿、薬師堂へご神水を柄杓で撒いて清めます。そしてまた、御供所で昨日の宵宮と同様の鉦と太鼓の行事になり、佳境に入ると太鼓台ごと大きく振り回します。

薬師堂には、短冊などで飾られた色鮮やかな切子燈籠や、惟喬親王がお渡りになられる目印といわれている燈籠が供えられています。

太鼓の廻り打ちが終わると、大目付ら役員は白一色の切子燈籠が供えられた氏神神社本殿前の舞台に座り、般若心経を三回唱え「お宮さまの盆いなし」を唱えます。

氏神神社境内にある元安楽寺の薬師堂で奉納される法悦祭。左上にあるのが色鮮やかな切子燈籠

廻り打ちしたあと、吊るされた太鼓を太鼓台ごと大きく振り回す

八月十五日

橿原市東坊城町
（八幡神社・春日神社）

【春日神社】橿原市東坊城町弓場（地図209頁Ｂ－３）　近鉄坊城駅下車　徒歩10分
【八幡神社】橿原市東坊城町万田（地図209頁Ｂ－３）　近鉄坊城駅下車　徒歩５分

東坊城のホーランヤ

大松明が真夏日に燃え上がる火の大祭

県指定無形民俗文化財

橿原市東坊城町の弓場《ゆうば》、川端、大北、万田、出垣内の五つの垣内と、隣接する古川町の氏神として、八幡神社（万田）と春日神社（弓場）があります。ここで、長さ三メートル、直径二メートル、重さ四百キロにもおよぶ大松明に火がつけられる「ホーランヤ」と呼ばれる勇壮な火祭りが行われます。

「ホーランヤ」とは、松明を担ぐときのかけ声という説もありますが、はっきりしていません（現在、ホーランヤというかけ声はしていません）。また、祭りの目的も、諸説があり一定していません。

当日、朝早くから各垣内で松明が調進されます。割竹を簾状に編み、

古川町で作られる大松明。古川町では、集落の分ともう一基、この祭りの発祥にまつわる村島家の大松明も作られていたが、近年は出されていない

中に麦藁、菜種殻、笹竹を包み込んで巻いていき、燃やす部分は丸く刈り込み藁縄で縛ります。正面に「エビ」と呼ばれる注連縄を取り付けると完成です。昼過ぎにまず春日神社へ、弓場、川端、大北、出垣内の順にそれぞれ一基ずつ奉納されます。拝殿で神事が終わると、松明が境内を周ります。点火前に一周、点火して二周します。菜種殻に火が点くと一気に燃え上がり、境内に煙と熱気が立ち込め、行事は一層盛り上がります。

　一方、八幡神社へも各垣内から一基ずつ、大北、川端、弓場、万田、出垣内、古川町の順で、合計六基の大松明が奉納されます。こちらでも同様に、神社境内を点火前に一周、点火して二周します。最後に独特の手拍子を打って、一連の行事は終了します。

　当日は、真夏の炎天下に行われる火祭りであり、見学の際には熱中症などに充分ご注意ください。

大北の大松明。午後の宮入りを待つ

弓場の春日神社へ運び込まれる大松明。男衆が5～6メートルほどもある「オーコ」と呼ばれる丸太天秤棒で担ぐ

㊤駅前から街道を練り歩き、万田の八幡神社へ運び込まれる大松明
㊦春日神社のホーランヤ火祭り。煙が立ちこめ、菜種殻が舞い上がる

八幡神社のホーランヤ火祭り。神に供えた火が次々点火されると、燃え上がる大松明が境内を練る

八月十五日

阪本天神社

五條市大塔町阪本（地図212頁A－2）
近鉄大和八木駅下車　奈良交通バス和歌山新宮行き下阪本下車　徒歩10分

阪本踊り

郷土の義民を慰霊するために始められた盆踊り

国選択・県指定無形民俗文化財

淡路から出稼ぎにきていた文蔵という若者に、阪本の村娘たちが懸想をしたことから村人が嫉妬し、この文蔵を水責めにしたところ、誤って殺害してしまいました。阪本の男衆がみな、取調べのため五條代官所へ連行され、働き手を失った村は途端に疲弊し、山林の檜まで売却しなければなりませんでした。そんな状況の阪本を救うために、裕福な商家であった中村屋の息子、政吉が罪を一身に背負って代官所へ出頭し、政吉は死罪、捕えられていた村人は放免されました。政吉は、自分が死罪になったら盆踊りで弔ってほしいと遺言していたといい、それで始まったのが阪本踊りの発祥といわれています。

阪本踊りの発祥は、郷土の義民の哀話に由来している。薬師踊りを踊る村人たち

なんちきは、踊りはじめは一人で、曲の途中からは二人が向き合って踊り、最後には三人で踊る

その物語を謡った政吉踊りをはじめ、かわさき踊り、開き、大文字屋、祭文、さっさよいこえ、おかげ豊年踊り、なんちき、薬師踊り、やっちょんまかせなど、多くの曲目が踊られます。唄には村の生活や奈良の名勝などが織り込まれています。天神社にある踊り堂の中で、扇をとり、やぐら太鼓を中心に輪踊りが演じられます。

郷土の義民・政吉のことを歌う政吉踊りは、四月二十九日に中村屋政吉の墓前で行われる供養祭でも、慰霊として踊られる慣わしになっています。

八月第三土曜

大柳生交流館前広場
（夜支布《やぎゅう》山口神社前）

奈良市大柳生町（地図206頁F－2）
JR・近鉄奈良駅下車　奈良交通バス柳生方面行き大柳生下車　徒歩10分

大柳生の太鼓踊り

変遷を重ねる太鼓踊りの伝統と創生

県指定無形民俗文化財

大柳生には夜支布山口神社の宮座があり、男子が十五歳になると座入りとなります。宮座に加えられた順に一年交代で当屋の役が回ってきます。当屋は、十一月三日に前の当屋から、夜支布山口神社の分霊といわれる「廻り明神」という御神体を引き継ぐと自宅に祀り、一年間、精進潔斎の生活をします（160頁の夜支布山口神社秋祭りも参照）。その「廻り明神」に対して奉納されるのが大柳生の太鼓踊りです。そのため、以前は当屋の自宅の庭で奉納されていましたが、その際の当屋の負担があまりにも大きく、現在は神社前の宮農組合交流館前の広場で踊られるようになっています。

また太鼓踊りも、以前は上出、塔坂、西側の三垣内のうち当屋のあたった垣内が奉納していましたが、それぞれの垣内での伝統の継承が難しく、平成十九年（二〇〇七）、若者たちが有志によって三地区の合同形態で行う形式となっています。形態は変化しつつも、太鼓踊りが継承されています。

三垣内が合同で行うようになった平成19年の太鼓踊り

背に指し物を負い、胸に小太鼓をかけて跳躍乱舞する。室町時代以来の風流の伝統を受け継ぐ（平成17年の撮影）

八月十六日

賣太《めた》神社

大和郡山市稗田町（地図207頁C－3）
JR郡山駅下車　徒歩20分

真夏に行われる阿礼祭

阿礼祭

語り部の神様、稗田阿礼《ひえだのあれ》を讃える祭り

『古事記』は、稗田阿礼が天武天皇の命で誦習した「帝紀」「旧辞」という古代の歴史を、太安万侶《おおのやすまろ》が元明天皇の命で筆録したものですが、その稗田阿礼を祀っているのが、賣太神社です。稗田町は稗田阿礼の生誕地と伝わっています。阿礼祭は、子どもに童話を読み聞かせる活動をして「日本のアンデルセン」と呼ばれた児童文学者の久留島武彦が、アンデルセンに匹敵する日本の話の神様である稗田阿礼を顕彰するべく、昭和五年（一九三〇）に始めた祭りです。

昭和に始まった祭りですが、人気の高い祭りとして大和郡山に定着した祭りといえるでしょう。四人の巫女が舞う稗田舞や、「阿礼さま音頭」、「阿礼さま祭りこどもの歌」で子どもたちが踊ります。

八月十八日

神明神社

山添村切幡（地図206頁G－4）
JR・近鉄天理駅下車　奈良交通バス国道山添行き国道切幡下車　徒歩10分

皆で唱える「一万度ワーイ」

神明神社 風の祈禱

立春から数えて二百十日、収穫前の台風の難を避けるために神頼みする風習が山間部の各地区で行われていますが、各地区で様相がずいぶんと異なります。中でも切幡にある神明神社の風の祈禱は少し変わっています。境内に一対の榊を立て、その周りを氏子たちが「一万度ワーイ」と言いながら、両手で万歳をしてぐるぐる回ります。

みんなで「一万度ワーイ」

八月十八日

木津川薬師堂

東吉野村木津川（地図210頁F－1）
近鉄榛原駅下車　奈良交通バス大又行き蟻通下車　徒歩45分

二百十日の前祈禱

木津《こつ》川《がわ》の祈禱念仏

県指定無形民俗文化財

東吉野村木津《こつ》川《がわ》にある薬師堂の堂内で行われる祈禱念仏は二百十日の前祈禱として、集落の平穏無事を願うもので古くから伝えられています。夜更けになると集落の人は風呂敷弁当を手に持って薬師堂へ登っていき、堂内での円覚寺住職による法要の後、ささやかな直会の宴が開かれ、それからいよいよ踊り念仏が始まります。太鼓の音に合わせて、ねじり鉢巻に浴衣姿の二人が真っ赤な木魚と鉦を手にして足を振り上げながら堂内を陽気に踊ります。「なーあーんぶーつ、なーあーんぶーつなぁ」と男女掛け合いの念仏が心に残ります。

「なーあーんぶーつ、なーあーんぶーつなぁ」と陽気な念仏踊り

九月

倭恩知《やまとおんち》神社 シンカン祭
波宝《はほう》神社 岳祭り
歓楽寺ボタモチ籠り
歓楽寺金剛地蔵会式
不動寺の御膳
観音寺観音講会式
采女《うねめ》祭

九月第一金曜～日曜

倭恩知神社《やまとおんち》

天理市海知町（地図209頁C－1）
JR柳本駅下車　徒歩20分

美しい「七色の御供」が献ぜられる

シンカン祭り

シンカン祭りの名称は、座献立の茄子の辛し和えがシン辛いとか、神幸祭が訛ったとか、或いは一年神主の神官《しんかん》からきているとか、諸説があります。輪番制による大小当屋によって行われ、「七色の御供」、「荷《にな》い餅」、「花御供」の三種の神饌が作られます。

三日間にわたって行われる祭礼の初日は、朝から夜まで大当屋の庭先で「七色の御供」が作られます。田原本町法貴寺町の池坐神社から神職を迎え、御湯祓いの儀が終わると、餅搗き神事が始まり「荷い餅」が作られます。「杉皮御供」とも呼ばれる「花御供」は、小さな小餅を杉皮の上に貼り付けて作られます。二日目は、前日に作られた神饌を神饌箱に入れて、大当屋から神社へ渡御します。拝殿で、七組の神饌の献饌が行われ、最後に大小当屋の大御幣を供えます。三日目は、二日目と同じ内容の神事が行われますが御供が蒸御供に替わります。

神饌が当屋のかつぐ神饌箱に入れられて、神社へ届けられる

シンカン祭りの神饌。里芋とカワラケの皿を固定したものに7本の青竹が挿されている。その先端に、栗、桃、茗荷、棗《なつめ》、梨、蜜柑、柿が挿してあることから「七色の御供」と呼ばれる。杉皮の上に小餅が九個並んでいるのが「花御供」。そのさらに下に「荷《にな》い餅」が4つある

岳祭りの渡御の一行

九月第二日曜

波宝神社

五條市西吉野町夜中（地図211頁B－3）
近鉄下市口駅下車　奈良交通バス城戸行き十日市下車　徒歩120分

西吉野最大の秋祭り 波宝《はほう》神社岳祭り

標高六一〇メートル、銀峰山の山頂に波宝神社は鎮座しており、眼下に五條、吉野の峰々を一望できる場所です。地名を「夜中《よなか》」といいますが、これは神功《じんぐう》皇后が三韓出兵の帰途、この山で白昼がにわかに暗闇になったため、ここの神に祈ったところ再び日が照り明るくなったことに由来するといいます。

午前中、十二の大字の氏子や総代が集まり、神事が行われます。以前は、「荒神輿」と呼ばれたぐらい勇壮な神輿の渡御がありましたが、担ぐ若者の減少もあり、現在は出されていません。氏子らは幣や鉾を持って山を下り、御旅所へ向かいます。御旅所での神事が終わると、再び山頂の本社へ戻ります。

九月十二日

ボタモチ籠り

（歓楽寺薬師会式）

男性が女性を接待するボタモチ籠り

歓楽寺

奈良市都祁南之庄町（地図208頁E－1）
近鉄榛原駅下車　奈良交通バス針インター行き都祁南之庄下車　徒歩10分

夕刻になると、檀家の女性たちが大勢、歓楽寺に集まってきます。薬師会式が終わると、女性たちはそれぞれの家から持参したボタモチを祭壇前のお皿に供えていきます。この「ボタモチ籠り」と呼ばれる薬師会式は、農事における女性の休息の日でお嫁さんも参加します。現在は籠りをしなくなっていますが、大広間で持ってきた弁当を広げると、檀家の男性が女性たちにお酒を注いで回ります。この日ばかりは、男性が女性を接待します。

各家から持ち込まれる様々なボタモチ

歓楽寺

奈良市都祁南之庄町（地図208頁Ｅ－1）
近鉄榛原駅下車　奈良交通バス針インター行き都祁南之庄下車　徒歩10分

祭壇に供えられたズイキ

歓楽寺 金剛地蔵会式

檀家の数だけズイキが並ぶ

十二日にボタモチ籠りのあった都祁南之庄の歓楽寺では、二日後に金剛地蔵会式の法要が行われます。夕刻に檀家役員が手に弁当を持って集まってきます。本尊前に高さ十五センチほどのズイキが四十五本、檀家四十四軒とお寺の数だけ並べられます。祭壇中央には根付きの巨大なズイキが供えられます。なお、巨大ズイキは境内の山の上の行者堂にも奉られます。

九月十五日

不動寺

天理市福住町上入田（地図206頁Ｅ－４）
ＪＲ・近鉄天理駅下車　奈良交通バス六郷小学校行き上入田下車すぐ

野菜で作られる特殊御供
不動寺の御膳

天理市福住町上入田《かみにゅうだ》の不動寺では、この日の早朝に地区の人が集まって、農家の寄進になる自家栽培野菜を使って、人の顔や動物の形をした「御膳」をこしらえていきます。三十体ほどの「御膳」は当番七人が四体ずつほど作っていきますが、設計図もなく当日のインスピレーションで作っていくのだといいます。この日は「御膳」をそのままにしておき、翌朝、役員らによってお礼として野菜を寄進してくださった各世帯へ一体ずつ配られます。

直会のあと、一同で般若心経を唱える

カボチャ、トマト、サツマイモ、サトイモ、ナス、キュウリ、タマネギ、ネギ、ショウガ、ピーマン、オクラ、シイタケ、ゴーヤ、赤ピーマンなど、持ち寄られた野菜で作られる御膳は色鮮やか

お堂の外の不動尊、行者祠、金毘羅権現、十三仏、三面六臂荒神などの石仏群にも供えられる

九月十七日

観音寺

奈良市小倉町（地図206頁F－4）
JR・近鉄天理駅下車　奈良交通バス国道山添行き国道小倉下車　徒歩15分

十七夜の野菜造り物がずらりと並ぶ

観音寺観音講会式

旧都祁《つげ》村小倉にも、持ち寄った野菜で人の顔などを造って供える珍しい風習が続いています。事前に考えた設計図に目をおとす人や、切ったり貼ったりして思案しながら造っていく人、その場でひらめいて材料を選ぶ人など、思い思いに作られていきますので、毎年、何が出来上がるか判りません。ダイコンの茎葉とカボチャを盛った板の七つ皿も供えられます。

下校途中の小学生も見学する。伝統が引き継がれていく

カボチャ、ゴーヤ、オクラ、サツマイモ、ジャガイモ、ヒョウタン、ピーマン、トウガラシ、ウリ、サトイモ、トマト、ナス、エリンギ、ダイコン、エダマメ、ケイトウの花など、様々な組み合わせ

ダイコンの茎葉とカボチャの七つ皿は10枚あり、合計するとほぼ村の軒数の70になる

九月仲秋

猿沢池・采女神社

奈良市橋本町（地図207頁D－3）
近鉄奈良駅下車　徒歩10分

采女祭《うねめ》

采女の霊を慰める仲秋の行事

猿沢池は、日本三大名月鑑賞地の一つに数えられており、仲秋の名月の夜、采女祭は行われます。『大和物語』に、天皇の寵愛が薄れたことを嘆き、猿沢池に入水した采女の話が載っています。その霊を慰める行事ですが、現在は奈良市観光協会の行事として、名月を愛でる雅な行事になりました。

ＪＲ奈良駅から采女を祀る采女神社へ、秋の七草で飾られた花扇の奉納行列が向かいます。采女神社では春日大社の神官によって神事が行われます。なお、采女神社の社殿は鳥居に対して後向きに建っていますが、これは采女が自らが身を投げた池を見るに忍びないと、一夜のうちに社殿が後を向いたと言われています。神事のあと、一行は猿沢池に浮かぶ二隻の船に乗り込んで、雅楽を奏でながら池を巡り、花扇を池に沈めます。

入水した采女の故郷である福島県郡山市と奈良市は姉妹都市になっており、毎年、郡山市からミス采女が参列する

十月

櫟原《いちはら》のオハキツキ
奈良豆比古《ならづひこ》神社 翁舞
題目立《だいもくだて》
曽爾《そに》の獅子舞
往馬《いこま》大社の火祭り
川合八幡神社 ヒキアイモチ
倭文《しずり》神社 蛇《じゃ》祭り
柳生の宮座行事
夜支布《やぎゅう》山口神社 秋祭り
狭川《さかわ》の神事芸能
菅原神社 秋祭り宵宮
神波多《かんはた》神社 天王祭
山田のでんでらこ
小泉神社 秋祭り
下山町の当家祭
海神社 いさめ踊り
オトナ祭り
室津の神事芸能
石打の太鼓踊り
白山神社 秋祭り
櫛玉比女命《くしたまひめのみこと》神社 戸立祭

十月上旬

生駒山口神社

平群町櫟原（地図207頁A－4）
近鉄元山上口駅下車　徒歩25分

神霊を迎える御旅所「オハキ」を築くオハキツキ

櫟原《いちはら》のオハキツキ

（生駒山口神社秋祭り）

県指定無形民俗文化財

生駒山口神社では十月上旬に秋祭りが行われますが、それに先立つ九月下旬に「オハキツキ」という行事があります。「オハキ（オハケとも）」と呼ばれる神霊を祀る朝顔型の祭壇を作る行事で、漢字では「御はき築き」と書きます。行事を執り行う座は本当屋一名と補佐役である敬用人《ケイヨニン》一名を選び、本当屋の自宅の庭にオハキが作られます。

本当屋の自宅の庭に一日がかりで作られたオハキ。夕刻に御祓いがある

　このオハキに御神体が遷幸する「オタビ」と呼ばれるお渡りがありますが、その前日に本当屋と敬用人は櫟原川の御幣岩で禊をします。「コウリトリ（垢離取り）の儀」と呼ばれ、行事で使用する小石を七十個ほど持ち帰ります。オタビの当日、本当屋と敬用人は烏帽子と狩衣に威儀を正して、生駒山口神社で素盞嗚尊《すさのおのみこと》と櫛稲田姫《くしなだひめ》の神霊を遷した榊をいただき、本当屋宅までお渡りをし、オハキに榊を差し込みます。これから数日間、御神体はオハキに安置されますが、神社に還幸するまでの間に二本の御幣が作られます。還幸の儀の日、昼過ぎにオタビのときと同様に行列が組まれ、本当屋の持つ大きい方の御幣でまず素盞嗚尊が神社へ還幸します。そして、その日の深夜に小さい方の紙幣で櫛稲田姫が還幸します。こちらは「ゴヤオクリ（後夜送り）」と呼ばれる還幸で、神様は道中に人と会うことを嫌われるといい、家々は扉を閉ざし、集落の灯は消され、その様子を伺うことはできません。行列に出会うと不運になるともいわれています。その翌日に秋祭りの本祭があり、数々の神饌が献じられます。

オタビの行列。先頭を行く鍬を持つ人は「道造り《ミツク》」と呼ばれ、路上の不浄なものを取り除く役目。榊を持つ本当屋と敬用人は「懐餅《フトコロモチ》」と呼ばれる餅を腹に忍ばせている

　一連の行事は、九月二十八日にオハキツキ、三十日にコウリトリ、十月一日にオタビがあり、六日に御幣造り、九日に還幸の儀（宵宮）、そして十日に本祭が行われていましたが、近年、取り巻く環境の変化などから日にちを決めて行事を遂行することが困難になっており、その日に近い土曜や日曜に日をずらして行われています。

オハキ。杭を円形に七本打ち込み、朝顔形に開いた形にして、杉の葉がすきまなく差し込まれた上に、漆の木で作った鳥居が立てられる。オハキの周囲には砂が敷きつめられ、四方に青竹が立てられ、注連縄で結界されると神の宿る杜ができあがる

十月八日

奈良豆比古神社

奈良市奈良阪町（地図207頁D－2）
JR・近鉄奈良駅下車　奈良交通バス青山住宅行き奈良阪下車　徒歩5分

奈良豆比古《ならづひこ》神社翁舞

天下泰平や国土安穏を祈願する古式の舞

国指定重要無形民俗文化財

　京街道の奈良坂に鎮座する奈良豆比古神社の例大祭は十月九日ですが、その前日の宵宮に翁舞が奉納されます。祭神である志貴皇子《しきのみこ》の子、春日王の病気平癒を願って息子の浄《きよ》人《ひと》王が舞ったのが起源とされ、天下泰平や国土安穏を祈願して舞われます。古式の詞や舞は口伝の形で伝わっており、保存会の方が毎夜一時間の稽古を一週間続けて当日を迎えます。この地の翁舞は、能や狂言が発達する以前の大和猿楽の形式を残しているといわれ、極めて重要とされています。

　翁舞は「千歳《せんざい》の舞」「太夫の舞」から始まります。太夫と、同じく翁の面を着けた脇二人が一緒に舞う「翁三人舞」は、奈良豆比古神社独特のものです。三番叟の前舞のあと、三番叟と千歳の問答があります。互いに向き合わずに神に語る形式で問答がされますが、これも古い形態を残しているといわれ、この地の翁舞の特徴でもあります。

　翌日の本祭には、神事相撲（165頁）などが奉納されます。

太夫と、同じく翁の面を着けた脇二人が一緒に舞う「翁三人舞」。神社に祀られている三柱の神に相対して奉納される

十月十二日

題目立《だいもくだて》

中世の芸能の姿をうかがわせる貴重な語り物芸

八《や》柱《はしら》神社

奈良市上深川町（地図206頁Ｇ－４）
ＪＲ・近鉄天理駅下車　奈良交通バス国道山添行き国道小倉下車　徒歩30分

国指定重要無形民俗文化財

旧都祁《つげ》村上深川《かみふかわ》にある八柱神社の秋祭りの宵宮に奉納される題目立は、宮座入りをした数え十七歳の青年たちによって演じられる語り物芸です。境内に竹垣で囲った板敷舞台が設えられ、隣接する元薬寺《がんやくじ》から衣装を身に纏った若者八人が、長老の道引《ミチビキ》唄を唱和しながら藁筵《わらむしろ》の道を渡って舞台に登ります。題目立の演目は「厳島」「大仏供養」「石橋山」が残されています。以前は、「厳島」と「大仏供養」が隔年で催されていましたが、ここ数年間は「厳島」だけが演じられています。「石橋山」は百年以上も演じられていません。

一番が清盛、二番は小松重盛、三番は左大臣（宗盛）、四番は本三位

題目立は、動作はほとんど伴わず、役が定まるものの扮装せず、登場人物も初めから出揃った状態で始まるなど、特色著しい芸能であり、中世の面影を今に伝えている

（重衡）、五番は蔵人（教経）、六番は経盛、七番は神主役。そして、弁財天役が仮屋内に着座します。登場人物が初めから出揃った状態で始まり、台詞の順番と役名が告げられると名乗りを上げ、独特の節回しで長い物語が約二時間、謡うように語られます。語りの最後に板敷を踏むように大きく舞う「フショ舞」がありますが、その他はほとんど動きはなく、楽曲もありません。近年では、多数の見学者が集まるようになりましたが、昔ながらの型を変えることなく、神社の方を向いて氏神に対して奉納されています。

㊤右手前が弁財天のいる仮屋
㊥仮屋内にいる弁財天
㊦清盛が弁財天から天下を治める節刀《せっとう》という長刀を授けられる

十月体育の日の前日

門僕《かどふさ》神社

曽爾村今井（地図208頁H－2）
近鉄名張駅下車　三重交通バス山粕西行き曽爾横輪下車　徒歩5分

曽《そ》爾《に》の獅子舞
（門僕神社秋祭り）

五穀豊饒、村安全を祈願する奉納獅子舞

頭甲《スコ》を製作しているところ(曽爾村長野)。胴体は二十本ほどのズイキを束ねたもので、竹串で柿と丸餅が交互に刺されている。上に鶏頭が乗せられる

県指定無形民俗文化財

曽爾の獅子舞は、長野の集落に残る宮座文書によると、享保三年（一七一八）、五穀豊穣と村内安全を祈願して奉納されたのが最初ということになっています。長野の人が伊勢で伊勢大神楽を習得して持ち帰ったといい三百年近く、一度も途絶えることなく、門僕《かどふさ》神社の秋祭りに奉納されてきました。

曽爾村にある九つの大字のうち、三大字（長野、今井、伊賀見）の奉舞会《ほうぶかい》によって奉納されています。演目は三大字合わせて二十種類が伝承されてきました。神前の舞に始まり、悪魔祓い、獅子踊り、荒舞などが奉納されます。クライマックスは伊賀見に

色鮮やかな衣装を着ている道化たち。道化は村の人たちを現している

⇦天狗は眠っている獅子を起こし、験力を見せ合う。道化も交えて踊る

よる、接《つ》ぎ獅子です。若者の肩の上に獅子がのり、剣の舞や花魁道中を演じます。
　また、行事のはじめに、「頭甲《スコ》」と呼ばれる特殊神饌が奉納されます。

長野、掛、小長尾、今井、塩井、葛、太良路、伊賀見の八つの大字でそれぞれ作られた頭甲は、前日に作られ、祭りの朝に各地区の頭屋が肩に担いで奉納します。一番上に大振りの鶏頭が乗せられていますが、これは乙女の髪飾りを表しているといわれ、かつての人身御供の名残といわれています。「牛の舌」、「犬の舌」と呼ばれる平たい餅とともに神前に供えられます。

接ぎ獅子。台の人は化粧をして、女形の衣装を着ている。腕を交差して上の演者の親指を持っているが、これだけで支えている

十月体育の日の前日

往馬大社

生駒市壱分町（地図207頁B－3）
近鉄一分駅下車　徒歩5分

往馬《いこま》大社の火祭り

一瞬で終わってしまう壮大な火祭り

生駒市指定無形民俗文化財

火の神を祀る往馬大社は、風神の龍田大社、水神の廣瀬大社と並び、五穀豊穣を祈願する神社として尊崇を集めています。

火祭りと称される秋祭りの準備は、火取りの神事で使う火松明を作ることから始まります。まず、御幣を作る神職と、松明を手渡す火出し人が禊ぎをし、火出し人は白衣を着用して火松明を二基作ります。二基の松明は火取り神事の競争に用いられるので長さ、重さを同等にしなければなりません。点火に使う火付松明、宵宮で使われるヨミヤ松明なども作り、神職は神事で用いられる紅白の御幣を作ります。祭り当日まで、さらに大松明、ゴムシ、ヒノゴク（日の御供）などが作られます。

祭り当日は、午前中に神事があり、午後から一連の行事が始まります。祭りの広場には高床式の建物があり、正面に御旅所、南北に宮座の建物があります。上座と下座に分かれて、菜畑と壱分の集落が競い合う祭事であることから「勝負祭り」とも称されています。勝負の判定は、上下の両座にいる弁随《ベンズリ》という役の四人がします。神輿の宮入りの後、御供上げの競争（神饌をどちらが早く供えるか競う）、奉幣の儀を経て、大松明の競争（大松明の上にゴムシを突き立てる早さを競う）があります。続いて、巫女の舞、弁随舞が奉納されると、クライマックスの火取りの神事となります。火出し人が火付松明から火松明に点火すると、火取りに渡します。火取りは火松明を肩に担ぐと一気に石段を駆け下ります。下で待つ上下それぞれの座の弁随が持っている弓を早く倒した方が勝ちとなります。火取りはそのまま、四本のゴムシに火をつけて、走り抜けていきます。ゴムシは薄の穂で作ら

神職と火出し人の禊ぎ。神社境内にある禊場で、両手でおにぎりを握るようにして、「オニギリ、オニギリ」と言いながら潔斎する

ベンズリ(弁随)の舞。酔っぱらっているようにもみえる仕草に観客たちは大笑いである

れているので、一気に燃え上がります。見物している側としては、一瞬で壮大な火祭りが終了するので、うっかりしてはいられません。

中央の二本が火松明で、両脇の二本がヨミヤ松明。下にあるのがヒノゴク(日の御供)で、両端は紅白の御幣

走る火取り。会場を駆け抜けると、火祭りが終了する

十月体育の日の前日　川合八幡神社

御所市古瀬川合（地図211頁B－1）
JR・近鉄吉野口駅下車　徒歩20分

餅の入ったコグツを引きずり回すヒキアイモチ

ヒキアイモチ

川合八幡神社の秋祭りは、「ヒキアイモチ（引合餅）」と呼ばれる行事で知られています。「コグツ」と呼ばれる藁で作った入れ物に丸餅が八十個入ったものを子どもたちが引きずりまわす行事です。

転がり落としては引き上げられるコグツ。中には約80個の餅が詰まっており、担ぎ上げて石段を登るには相当な体力がいる

昼間にコグツを乗せた山車が里を巡行し、夜は三つの大字（奉膳《ぶんぜ》、水《み》泥《どろ》、川合）から四基の十二振提灯が神社に献灯奉納されます。伊勢音頭を唄いながら街道を行く提灯はとても幻想的です。松明を点した灯りの下で、神社創建の家筋と伝える鍵元と宮守の相撲の儀式があり、その後、ヒキアイモチの行事になります。まず、神前に供えたコグツを階段から転げ落とし、それをまた神前までかつぎあげてはまた落下させます。これを五回繰り返すと、いよいよコグツを引きずりまわします。元々は、子どもがひきずるコグツにふんどし姿の若者が大勢群がり、中に入っている餅を我先にと取り出してはそれを横取りしたりする、激しい行事であったそうです。戦後、怪我人が出たため、行事自体が中止となってしまいましたが、昭和六十年（一九八五）に形態を穏やかなものに変えて復活されました。現在は、子どもが境内を三回引き回したあと、世話役が餅を取り出し子どもたちに分けます。その後、餅撒きがあり参拝者が争って取り合います。中に一個だけ、笠餅という大きな餅があり、これが投げられると特に激しく取り合います。祭典を終えたコグツは参籠所に残されており、昭和六十年の復活以降のコグツがずらりと並んでいます。

ヒキアイモチの様子。かつてはこのコグツに、若者が群がった

十月体育の日

倭文《しずり》神社

奈良市西九条町（地図207頁C－3）
JR・近鉄奈良駅下車　奈良交通バス杏南町行き西九条町下車　徒歩5分

蛇《じゃ》祭り

人身御供の風習を今に伝えるという蛇祭り

蛇祭りの神饌。胴体は麦藁を束ねたもので、周りに小さい餅が串で挿されている。その上に檜葉と長い餅、ワカメを重ね、顔を書いた半切りの里芋の人形《ひとがた》が乗せられる

蛇《ジャ》に点火する。これも大蛇退治がモチーフとなっている

西九条《さいくじょう》に鎮座する倭文神社の秋祭りは「蛇祭り」と呼ばれています。その昔、この地に大蛇がいて、毎年、子どもを人身御供に差し出していましたが、あるとき、一人の僧がこの大蛇を三つに切って退治してしまいました。神社に隣接している龍頭山西福院には蛇の頭が祀られ、胴体、尾を祀る寺も別にありましたが、こちらは廃寺になっています。退治した僧は、一説には理源大師聖宝といい、また一説には弘法大師空海であるといわれています。

大蛇が退治されて人身御供の風習はなくなりましたが、現在は人身御供を表した神饌が供されています。御供神饌を抱えた白装束の人たちやヘビ退治の男が町内を巡行します。時風《ときかぜ》神社に御供二体を供え、蛇塚社に参拝したのち、神社に戻ってまた供えられます。麦藁の蛇に火を放つ大蛇退治や、扇に矢が刺さる早さを競う矢相撲（165頁）なども行われます。

柳生八坂神社

奈良市柳生町（地図206頁Ｆ－１）
ＪＲ・近鉄奈良駅下車　奈良交通バス柳生方面行き柳生下車　徒歩15分

スモウの舞。烏帽子を被った素襖《すおう》姿の二人は見合って、大きく両手を広げて一歩前に出ると「ヤー」の掛け声がかかり、抱き合うように組む

柳生の宮座行事

「ザザンザー、浜松の音はザザンザー」と謡う酒宴

県指定無形民俗文化財

宮座行事が行われる早朝、柳生八坂神社の「十二人衆《じゅうにんしゅう》」（かつて十人衆であったが後に増員され、十二人となっても「じゅうにんしゅう」と呼び慣わしています）と呼ばれる座衆が紋付袴で頭屋宅に集まり、神事芸能が奉納された後、酒宴が始まります。七つ重ねの酒盃が出され、「ザザンザー、浜松の音はザザンザー」と囃しながら酒が注がれ、祝いうたとして伊勢音頭が謡われる中、酒を飲み干していきます。頭屋が最後に飲み終えると、御幣の前で神事があり、八坂神社へお渡りをします。神社でも神事芸能が奉納されます。柳生の神事芸能は、スモウの舞、ササラの舞、ヨーガ（影向）の舞と呼ばれる舞が奉納されます。その後、地区を練っていた太鼓台が神社に入り、秋祭りはますます盛り上がります。

「ザザンザー、浜松の音はザザンザー」と松籟の音とともに酒が注がれ、伊勢音頭を肴に飲む

十月体育の日

夜支布山口神社

奈良市大柳生町（地図206頁F－2）
JR・近鉄奈良駅下車　奈良交通バス柳生方面行き大柳生下車　徒歩15分

夜支布《やぎゅう》山口神社秋祭り

一年間の大役「廻り明神」の祭り

大柳生には、宮本とも座衆とも呼ばれてきた宮座があり、男子が数え十五歳になると元服に相当する座入りがあり、座入帳に記載されると、大人の仲間入りとなります。十五歳以上の男子全員で宮座が構成され、その中の年長の二十人による「二十人衆」が宮座を運営しています。そして、宮座に加えられた古株から順に一年交代で当屋の役が回ってきます。当屋は、十一月三日に前年の当屋から、夜支布山口神社の分霊であるといわれる「廻り明神」という御神体を引き継ぐと自宅に祀り、一年間、精進潔斎の生活に入ります。当屋の当主も「明神さん」と呼ばれ、肉、煙草、葱など臭いの強い野菜は禁断、女人禁

当屋宅での田の草取り奉納。ガクウチとも呼ばれる

ガクニンがつけるハナガイ。侍烏帽子を被り、浅黄色の素襖を身につけている

当屋宅に練り込む太鼓台

センバンの祝い。鯛の塩焼きの入った皿を持って踊る

制、旅にも出られず、その一年を「廻り明神」への奉仕に費やすことになります。八月の大柳生の太鼓踊り（130頁）は、この「廻り明神」に対して奉納するものです。

十月の秋祭りは、「廻り明神」の祭りです。当屋の親類一同が手伝い、朝から八人の「ガクニン」と呼ばれる入り衆を招いてもてなしをします。ガクニンは、侍烏帽子を被り、下り藤紋の浅黄色の素襖《すおう》を身につけ、襟に扇を挿して草履を履き、牛のハナガイ（ハナギとも）と呼ぶ、藁を芯にして作られた三角の形をしたものをつけています。

当屋宅で、「田の草取り（ガクウチとも呼称される）」と呼ばれる田楽舞が披露され、また、大きな皿に鯛の塩焼きを載せて踊る「センバン」が行われます。伊勢音頭で囃す中、当屋の親類縁者が踊ります。大柳生では棟上式や祭りなどの祝い事の折に、この「センバン」を行う風習があります。柳生や丹生ではこれを「ダイビキ」と呼んでいます。続いて、当屋から夜支布山口神社へお渡りがあります。当

夜支布山口神社での田の草取り奉納

屋を先頭に大行列が宮入りをすると、神社でも「田の草取り」が奉納されます。拝殿で神事が執り行われる間に、地区を練り歩いた太鼓台は伊勢音頭を歌いながら威勢よく宮入りしてきます。

　神社での神事が終わると、今度は御旅所への渡御となり、巡行する長い列を道中で迎える人たちは、柳花をありがたくいただきます。御旅所に到着すると、ガクニンは最後の「田の草取り」を舞います。

　この行事が終わると、当屋は十一月三日に次の当屋に「廻り明神」を引き渡して、長い一年の大役を終えることになります。

㊤夜支布山口神社での神事相撲。肌着の上からフンドシを締めた二人が向かい合い、互いに右手、左手の順で相手の肩に手を置くように組み合う
㊥渡御を出迎える人たちは、柳花をいただく
㊦11月3日の廻り明神の引渡しに出発する当屋一行。当屋は、榊の葉をくわえて、途中誰の問いかけにも答えない

祭礼における相撲《スモウ》

「相撲」というと、
がっぷり四つに組む大相撲を想像しますが、
祭礼で行われる相撲の様相はまったく異なります。
古来、農作物の吉凶を占う神事だった相撲は、
春に植えた苗が秋に豊作となるよう
七月に宮中で占っていた行事のひとつでした。
雅楽が奏でられるなか、勝負舞として行われた相撲節会《すまいのせちえ》は
競いあうふりをして演じる豊作予祝の技芸祭儀でした。
桜井市の江包《えつつみ》、大西のお綱祭りに付随して行われる
泥相撲（40頁）は勝敗を競うわけでなく、
泥が身体につくほど豊作とされています。
柳生八坂神社（奈良市柳生町）の宮座行事での相撲（159頁）や、
夜支布《やぎゅう》山口神社（奈良市大柳生町）秋祭りでの相撲（163頁）、
九頭《くず》神社（奈良市下狭川）の神事芸能での相撲（168頁）など、
秋祭りで奉納される相撲は勝敗を競うという形式でなく、
取り組みの真似をする儀礼的な色彩が濃い所作です。

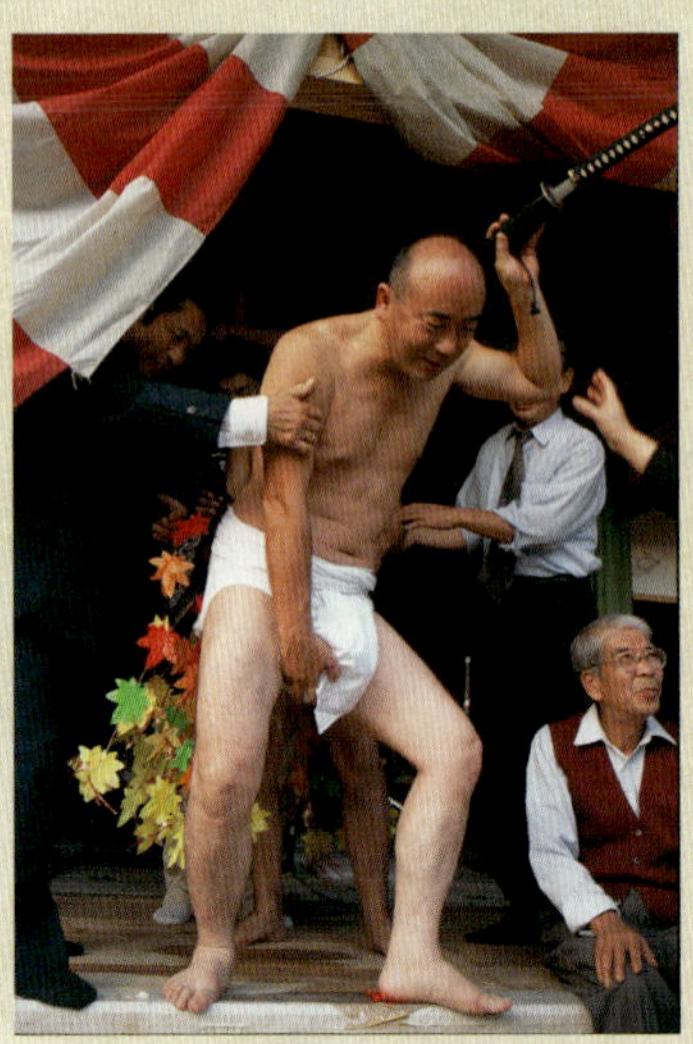

長尾神社（奈良市阪原町）の御旅所で奉納される相撲。刀を担ぐ褌《ふんどし》姿の二人が、ぶら下げた塊を手で抱えるようにして登場

奈良豆比古《ならづひこ》神社（奈良市奈良阪町）の相撲。宮司が掛け声を発すると、「ホーオィッ」と言いながらそれぞれ別の方向に向かって拝殿の周りを回る

水越神社（奈良市邑地町）の相撲。力士はお互いに見合ってから手を組み、引っ張りあってぐるぐる回る

⇦㊤倭文《しずり》神社（奈良市西九条町）蛇《じゃ》祭りで奉納される相撲。扇の的に矢を突き刺す早さを競う

⇦㊦小泉神社（大和郡山市小泉町）境内にある九頭《くず》神社の宵宮相撲。二人は手をそえて腰を掴み静止。行司が扇子を掲げると終わりで、僅か数十秒の取り組みである

十月体育の日

九頭《くず》神社

奈良市下狭川町（地図206頁E－1）
JR・近鉄奈良駅下車　奈良交通バス広岡行き下狭川下車すぐ

狭川《さがわ》の神事芸能

「バタランバタラン」「ピッピラ」の奉納舞

県指定無形民俗文化財

東山中《ひがしさんちゅう》には神事芸能が伝承されているところが散見されますが、下狭川町に鎮座する九頭神社には、「バタランバタラン」と呼ばれる田楽舞が伝わっています。円陣になって、手に持った太鼓、鼓、ピンザラ（ササラ）で田楽を舞います。また、「ピッピラ」と呼ばれる三角跳びが奉納されます。二人の踊り子が両手を広げて背中合わせになり、笛の音色に合わせて左回りに三角跳びをします。

祭礼当日、上狭川の両西

「ピッピラ」と呼ばれる神跳び。笛の音色に合わせて左回りに四度、三角跳びをする

「バタランバタラン」と呼ばれる田楽舞。田楽の音色から名付けられた名称であろうか

敬神講と下狭川敬神講の両講の宮座衆は神事を終えると、川下の御旅所であるタベノモリまでお渡りをします。ここで、「バタランバタラン」「ピッピラ」が奉納されます。九頭神社に戻ると、ここでも「バタランバタラン」「ピッピラ」が奉納され、続いて「コハイ（鼓拝）」、「タチハイ（太刀拝）」、「スモウ（相撲）」が行われます。耳に紙片を挟むタチハイ、「ボウシ」と呼ばれる大きめの白い紙片をツノカクシのように頭に巻き着けたスモウなどは他所では見られない特徴をもっています。

相撲の奉納。素襖の上から「ダラケフンドシ」を着けた二人が向き合って、肩に手を当てて左に三度跳び元に戻る、儀礼的な相撲。頭についている紙片は「ボウシ」と呼ばれている

十月十四日

菅原神社

天理市小田中町（地図207頁D－4）
JR・近鉄天理駅下車　徒歩15分

暗闇に唱和する「トーニン、トーニン、ワーイ」

菅原神社秋祭り宵宮

宵宮の夜、大御幣を持つ当屋を先頭に小御幣を手にした氏子の人たちが、神社へお渡りをします。神社に勢揃いすると、当屋の「始めるでー」の合図に全員が腰を下ろして、「トーニン、トーニン、ワーイ」と唱和します。「ワーイ」と叫ぶときに身体全体を伸び上がるようにします。場所を移して数ヶ所で行われます。この「トーニンワーイ」が終わると、鳥居前に集まって当屋渡しの儀式が行われます。大御幣を次年度の当屋に手渡すと、受け取った当屋は一年間、大御幣を祀り、小御幣を手にした地区の人は床の間や神棚に祀ります。

一同、御幣を手に「トーニン、トーニン、ワーイ」。これを三回繰り返す

十月十五日

神波多神社

山添村中峰山（地図206頁H－2）
JR・近鉄天理駅下車　三重交通バス上野産業会館行き波多野神社前下車すぐ

神《かん》波《は》多《た》神社天王祭

「マジャラク、マジャラク」と唱える神幸祭

山添村中《ちゅう》峰《む》山《ざん》の神波多神社は、「波多の天王さん」と親しまれ、素《す》盞嗚尊《さのおのみこと》（牛《ご》頭《ず》天王《てんのう》）をお祀りしています。その秋季例祭は、まず御旅所への神幸祭から始まります。獅子舞、大御幣、幟旗、議員、区長、鉾、御幣、槍、長刀、金御幣、田楽、ホーロン（花笠）、鬼、神主、神輿の順で御旅所に向かいます。旧波多野村の十六ヶ大字の大行列が、笛や太鼓の音色を奏でる中、急な神社の階段を下っていきます。

御旅所は六百メートルほど離れた牛ノ宮と呼ばれるところです。境内には大御幣と地僧方《じぞうほう》と神主方の二組の花笠が立てられ、中央には神輿が置かれます。この牛ノ宮で、地僧方が笛や太鼓で「デンデン」と呼ばれる奉納をします。そのとき、小さい声で「マジャラク、マジャラク」と呟きますが、これは万歳楽とでも書くのでしょうか。その後、還幸祭となります。難関の急坂を登って神社に到着すると、再び「デンデン」の奉納があります。このとき、拝殿と本殿の裏へ行ったり来たりする所作があります。

ホーロンと呼ばれる花笠

牛ノ宮で奉納されるデンデン

⇦天王祭の渡御。急坂を下る神輿

十月第二日曜の前日

杵築《きつき》神社

大和郡山市山田町（地図207頁B－4）
JR大和小泉駅下車　奈良交通バス矢田山町方面行き松尾寺口下車　徒歩20分

八岐大蛇《やまたのおろち》退治の伝承をもつ「でんでらこ」

山田のでんでらこ

（杵築神社秋祭り宵宮）

燃えるでんでらこ。これも八岐大蛇退治のイメージである

杵築神社の秋祭りは、松尾寺の僧侶も参加する神仏習合の神事です。元々、杵築神社は日本最古の厄除け霊場として有名な松尾寺に鎮座していたといい、後に山田の里へ遷宮されましたが、現在も縁が続いています。

宵宮の神事が終了すると直会《なおらい》の酒盛りが始まり、地元の男の子たちが酌をします。子どもは杵築神社の祭神である素盞嗚《すさのお》尊《みこと》役で、大人は八岐大蛇役です。酒を五回繰り返し飲ませたあと、子どもと大人が樫の木を持って引っ張り合いをします。これは八岐大蛇退治の所作であり、酔った大蛇役の大人は、子どもに負かされます。この後、素襖《すおう》を着た四人の衆によって、これも大蛇の化身とされる大きな松明に火が付けられます。なぜ、「でんでらこ」というのかは判っていません。

翌日、秋祭りの本宮があります。

樫の葉を引っ張り合うのは、八岐大蛇退治の所作。子どもに酒を飲まされた大人は、かなり酔った状態である

十月第二日曜

小泉神社

大和郡山市小泉町（地図207頁C－4）
JR大和小泉駅下車　徒歩20分

渡御の最中、一同「ウゥワハイー」と唱える。
活字ではなかなか伝わらない発音である

「ウゥワハイー」と唱える渡御

小泉神社秋祭り

小泉神社秋祭りのお渡りは本町、西方《にしほう》、北之町《きたんちょう》、市場《いちば》の氏子から選ばれた当家宅から出幸します。街道筋や参道を練り歩く道中、先頭の長老が「ウゥワハイー」と発声すると、他の行列の人たちも同様に復唱しながら、神社までお渡りをします。宮司さんによると、「ウゥワハイー」とは、産土《うぶすな》拝する、即ち「今、御供をお供えもうすにより、産土大神のお笑い給ふお顔を拝み奉る」と言う意味であるとのことです。お渡りの後、拝殿で神事が行われますが、その間、布団太鼓が次々と宮入りし、祭りはいっそう盛り上がっていきます。

十月第二日曜

当家祭

「トーニン、トーニン、ワッハッハーイ」とお渡り

八坂神社

奈良市山町（地図207頁D－4）
JR帯解駅下車　徒歩10分

帯解に近い下山町では、古い形式を伝える当家祭が行われています。祭礼前日に作られる神饌は特殊なもので、半紙と縄で括られた三段の鏡餅の上に、五色の御幣が三本立ち、頭を右にしたミョウガが挿されています。

当日の朝、宮座の人々が当家宅に集まってきます。当家にあるお仮屋で神事が行われると、お渡りの行列が出発します。辻角を曲がるときに一老が「トーニン、トーニン、ワッハッハーイ（当人、当人、和拝）」と掛け声をすると、一同は「ワッハッハーイ」と唱和します。

八坂神社に到着すると本殿に特殊神饌、カマス、結び昆布、お神酒を供え、末社のイワクラ石へも供えます。神事が終わると直会があり、一老が当人児に祭事が無事終了したことを奉告し、当人児は酒を振舞います。

祭礼前日に作られる特殊神饌。三段に重ねた鏡餅の側面には半紙が巻かれ、縄で括られている。その上に、五色の御幣を三本立ててミョウガを挿す

赤と白のタスキを垂らし烏帽子の冠を被る当人児

神官を先頭に御幣や神饌を持つ長い行列が進み、辻を曲がるときに「トーニン、トーニン、ワッハッハーイ」

神饌を担ぐ「ゴクカツギ」の役は、小学校高学年の女子が担当する

十月第三土曜

海神社

宇陀市室生区大野（地図208頁F－1）
近鉄室生口大野駅下車　徒歩10分

太鼓を叩く人の向こうには、御幣を持った心棒打ちがいる

雨乞い成就御礼の太鼓踊り
いさめ踊り

海神社では夜に、雨乞い踊りの「いさめ踊り」が行われます。保存会の皆さんが踊りながら太鼓を叩いて奉納します。緑川、上川、下川の三つの字からは、提灯を先頭に太鼓を鳴らしながら神社へ繰り出します。宮神事を終えた後は「浦安の舞」も奉納されます。元々は十一月三日に行われていましたが、近年に十月第三土曜日に移行されています。

十月第三土曜～日曜

若宮神社

山添村春日（地図206頁H－3）
JR・近鉄天理駅下車　三重交通バス上野産業会館行き春日下車　徒歩10分

春日のキョウワウチ

オトナ祭り

萱の先に茗荷と赤唐辛子の嘴《くちばし》が取り付けられた鶴

申《さる》祭り（196頁）の春日神社と同じ場所にある若宮神社の秋祭りは「オトナ祭り」と呼ばれています。他に「オヤ祭り」、当屋に当たれば蝦夷まで逃亡するぐらい散財するので「エゾ行き祭り」、里芋を大量に使うことから「イモ祭り」と、さまざまな呼び方をしています。行事を務めるのは、春日の北地区二十二軒と南地区十八軒の家長で、当屋を担う地区は毎年交互に入れ替わります。

宵宮の早朝、当屋宅で神饌や饗応の食事が作られます。大きな茄子で作った亀と、萱の先に茗荷と赤唐辛子を付けて作られた鶴は、雌雄一対で床の間に飾られます。宵宮参りのあと、当屋宅では鉢巻、襷《たすき》姿の六人が、炊いた米をゴザの上に広げて、愛宕参りの歌を唄いながら箕《み》で扇いで、神饌や饗応に出される「キョウメシ」を作っていきます。これは「キョウワウチ」と呼ばれています。キョウメシができあがると当屋さんとネンネンさん（年々さん）と呼ばれる六人衆のなかの長老を胴上げして手拍子で打ち上げをします。

茄子から彫刻刀で甲羅を彫り出す。足四本と尻尾を取り付けると亀の完成

オトナ祭りの本祭は日曜日の早朝、ネンネンさん、当屋、六人衆が当屋宅から神社に向かい、御膳の準備にとりかかります。家長のオトナ衆は色とりどりな柄の風呂敷に包んだ空

キョウメシを大きな円形にして板に盛り、三本の藁縄で括ったモッソ

饗応膳。大根と人参のナマスに生姜を添えた椀。檜の葉を下にした皿には生のイワシ。丸ごと煮た里芋と牛蒡の椀などが盛られている

のお重を手に持って集まってきますが、これは饗応膳で食べきれなかったものなどを持って帰るためのお重です。

神事の後、宴になります。配膳は、一．芋汁配膳、二．辛味唐辛子、三．冷酒に芋汁・青漬配膳、四．芋汁引汁、五．再び冷酒に芋汁・青漬配膳、六．熱燗に芋汁・青漬配膳…と昔からの決まった順番があり、その都度、述べる口上も定められています。二部構成になる宴が終盤になるころ、当屋の引渡し儀式があり、そして鶴亀の作り物が長老から順々に回されます。約四時間の宴の後、次当屋は引き渡された幕箱と座記録帳箱を持って帰ります。その際、オトナ衆は愛宕参りを唄って見送ります。

①「キョウワウチ」と呼ばれるキョウメシの調進。二人は箕を持ってメシを冷ますように左右に振って扇いでいる
②キョウメシができあがるとゴザを狭めて、外側から膝でこねて餅のように丸める
③大きなキョウオケに放り投げられるキョウメシ。キョウオケをグルグル回してメシが入るのを邪魔する
④胴上げされるネンネンさん

鶴と亀の作り物が長老から順々に回される

終宴のころ、ネンネンさんが大きな酒瓶を肩に担いでお伊勢参り道中を披露する

十月第三土曜～日曜

戸隠神社

山添村室津（地図206頁F－3）
JR・近鉄奈良駅下車　奈良交通バス北野行き室津下車　徒歩10分

室津の神事芸能

山添村東山地区に伝承される「ウタヨミ」「オドリコミ」

県指定無形民俗文化財

山添村東山地区では、室津のほか、北野、峰寺、松尾、的野、桐山で、秋祭りに際して神事芸能が奉納され、それらは「東山の神事芸能」として県指定無形民俗文化財に指定されています。

室津では、本祭の日曜日に侍烏帽子を被り素襖《すおう》を纏った渡り衆と呼ばれる六人が戸隠神社に渡ります。神社に着いた渡り衆は急な階段を登り、三人が本殿前庭で扇を掲げて「ウタヨミ（カミウタイ）」を行います。ウタヨミ奉納後に、「安芸の国、厳島の弁財天の、根白の柳、あらわれにけり、げにや宝を、いざやおがまん」などという詞章を謡いながら頭屋宅に招き入れられます。そこで、「福の神ござった何の種まきましょう、福の種まきましょう、宝をまきましょう」と謡いながら、洗米や小豆を座敷に撒く「オドリコミ（躍り込み）」が行われます。渡り衆が輪になって笹竹を振って三回廻ります。

㊤舞殿に供えられた「モッソ」と呼ばれる神饌。蒸した餅米を三角錐の形にして、カマス、サトイモを供えて、箸を添えてある
㊥本殿前で行われるウタヨミ。前日の宵宮にも奉納される
㊦オドリコミの様子。中世歌謡を今に伝える

八幡神社

奈良市月ヶ瀬石打（地図206頁H－2）
JR・近鉄奈良駅下車　奈良交通バス石打行き終点下車　徒歩5分

目にも鮮やかな風流踊りの伝統を受け継ぐ太鼓踊り

雨乞い祈願の風流踊り

石打の太鼓踊り

旧月ヶ瀬村石打の八幡神社で奉納される太鼓踊りは、江戸時代末期に伊賀と大和の東山中《ひがしさんちゅう》に流行した雨乞い祈願の風流《ふりゅう》踊りの伝統を受け継いでいます。大正十三年（一九二四）以降、途絶えていましたが、昭和六十三年（一九八八）の八幡神社の造宮記念に復活されました。

唄い手の女性たちの唄にあわせて、愛宕踊り、山伏踊り、じゅんやく踊りの三曲が披露されます。背中に花飾りを着けて、胸に抱えた太鼓を叩き、四人の大太鼓打ちを中心に右へ左へと回る踊りは、大柳生の太鼓踊り（130頁）とよく似ています。

白山神社
宇陀市室生区龍口（地図208頁G－1）
近鉄三本松駅下車　徒歩60分

十月第四日曜

白山神社秋祭り

「はりのめし」と呼ばれる頭屋の行事

この日は早朝から、「村回し」と呼ばれる獅子舞があり、獅子が地区の家を一戸一戸訪問して舞い、家内安全を祈願します。最後に頭屋宅で獅子舞が奉納されると、続いて「はりのめし」と呼ばれる行事が行われます。頭屋宅の座敷には男性がいて、「嫁に行くなー、嫁に来い」と女性の取り合いをします。また、女性が持つ筵《むしろ》の中にあるはりのめし（蒸した小豆飯）を、ちょろっと開いては見せるという所作があります。男性は盗り合いの作戦会議をし、最後には筵を持つ若い女性を宅内に引き上げて行事が終わります。

その後、頭屋から神社へお渡りがあり、湯立神事などがあります。

筵の中にある「はりのめし」を御開帳。男性はうちわで扇ぐ

「村回し」の獅子舞

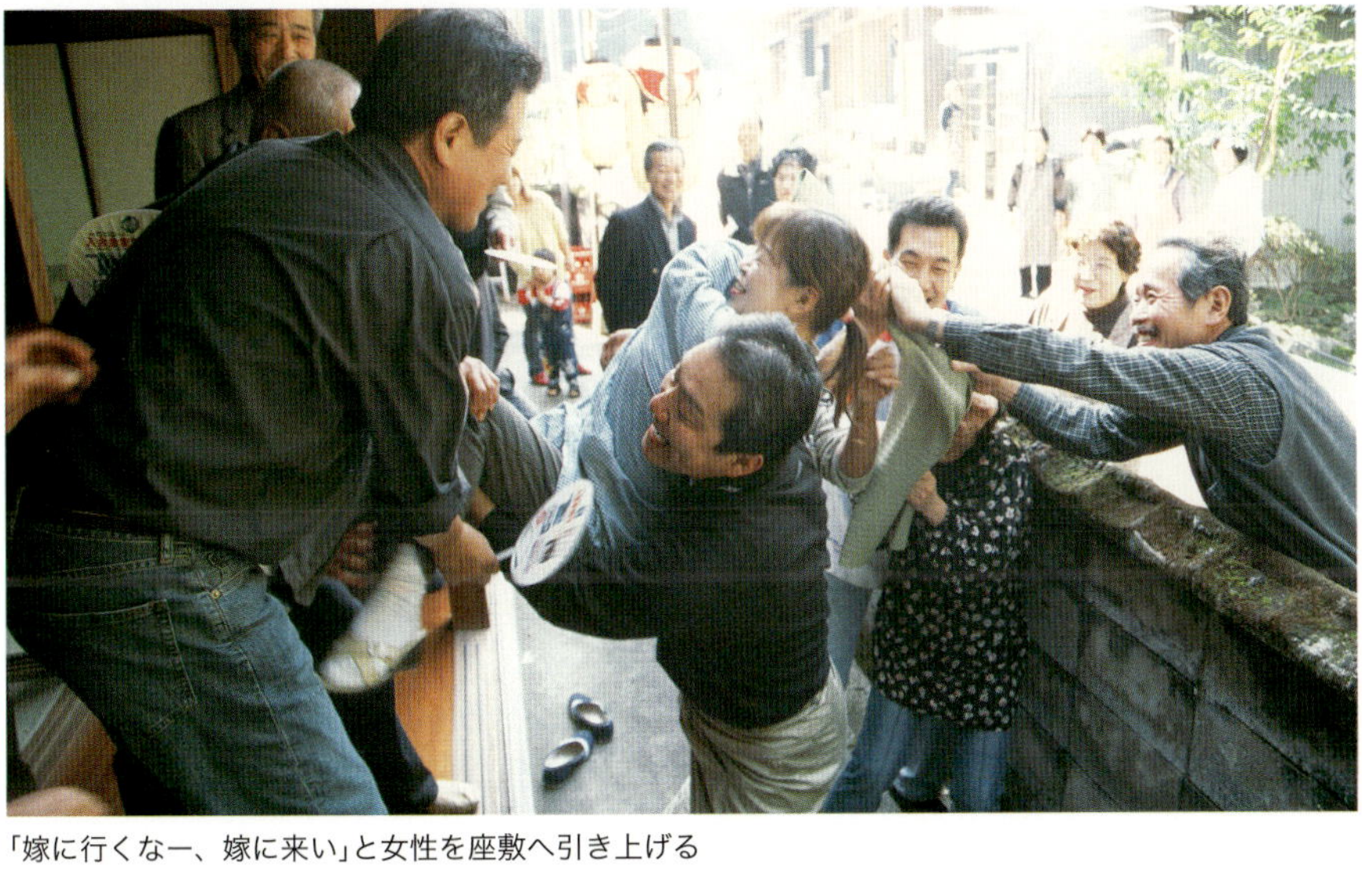

「嫁に行くなー、嫁に来い」と女性を座敷へ引き上げる

十月三十一日(宵宮)
十一月一日(本宮)

櫛玉比女命神社

広陵町弁財天(地図209頁B−1)
近鉄箸尾駅下車　徒歩15分

櫛玉比女命《くしたまひめのみこと》神社戸立祭

大和では珍しい豪快な祭り

戸立祭は、大和では珍しく豪壮な男の祭りです。宵宮に、弁財天、南、的場、萱野の各大字からだんじりが出て、町内を巡行した後、宮入りをします。特に宵宮に行われるだんじりの宮入りは豪壮で、早打ちの太鼓と鉦の音で一気に境内に突っ込み、本殿ぎりぎりで止めると、曳き手らは一気に本殿になだれ込んで御祓いを受けます。翌日の本宮で、だんじりは各大字へ巡行しながら帰ります。祭りの男衆は一服する都度、酒を飲んでは伊勢音頭を唄います。戸立祭の名前の由来は、村の衆が戸を立てて（閉めて）祭りに参加したことから名付けられたといいます。

伊勢音頭を唄いながらだんじりを引く。宵宮の夕べには山車に火が点されて一層盛り上がる

十一月

国津神社　ふる祭り
談山《たんざん》神社　けまり祭
上比曽のイノコ
天誅《てんちゅう》義士《ぎし》祭
吐山《はやま》の太鼓踊り

十一月三日

国津神社

奈良市都祁白石町（地図206頁F－4）
近鉄榛原駅下車　奈良交通バス針インター行き南白石下車　徒歩5分

ふる祭り

文明開化の時代に
最新の装いを取り入れた行列

都祁《つげ》白石の国津神社では十月と十一月に二つの秋祭りがありますが、十一月の祭りは古来より行われていることから「ふる祭り」と呼ばれています。この祭りの特徴は、羽織袴に山高帽を被る宮座衆の装束にあります。文明開化の時代に取り入れられたというこの装束で、花笠のように飾られた「スコ」と呼ばれる飾りを三基担いで、「チョウサヤ、チョウサヤ」と言いながら神社までお渡りをします。神社に到着すると拝殿前にスコを供え、神事と餅撒きが行われます。

⇨「スコ」と呼ばれる飾り。三本足の竹の台に、菊花と竹に餅と大根を交互に挿して広がるように取り付けられる
⇩明治の装束を復元した行列ではなく、明治の文明開化の時代からこの装束で続いている行列である

十一月三日

談山神社

桜井市多武峰〈地図209頁D－3〉
JR・近鉄桜井駅下車　奈良交通バス談山神社行き終点下車　徒歩3分

談山《たんざん》神社けまり祭

大化の改新に思いを馳せる蹴鞠奉納

談山神社の御祭神、藤原鎌足公が、飛鳥法興寺の蹴鞠会《けまりえ》で中大兄皇子と出会い、大化の改新の密議をこらした故事にちなんで行われるのが、けまり祭です。蹴鞠は、鞠を足で蹴って地面に落とさず蹴り続けていきます。腰や膝を曲げることなく、また、足裏を相手に見えない程度にあげて、「アリ」、「ヤ」、「オウ」の三つの掛け声を合図に蹴ります。勝ち負けはなく、その時間を楽しく過ごすのが蹴鞠です。

春の昭和の日（四月二十九日）にも同様にけまり祭が行われています。

藤原鎌足と中大兄皇子の故事に由来する、談山神社のけまり祭

大淀町上比曽

大淀町比曽（地図211頁D－1）
近鉄六田駅下車　徒歩20分

地面に叩きつけられたドテンコは、行事が終わると新婚家庭の家の屋根の上へ放り投げられ、そのまま放置される

地元をあげて新婚家庭を祝う
上比曽のイノコ

藁で作った棒を地面に叩きつけるイノコ（亥の子）祭りは県内各地で行われていましたが、現在は大淀町上比曽や高取町佐田などで継承されているだけで、ほとんどが廃れています。上比曽のイノコ祭りは本来、十一月の亥の日でしたが、第一日曜に変わっています。

夕刻、世尊寺付近の広場に子どもたちが集まってきます。祖父や父親に作ってもらった新米の藁棒は「ドテンコ」と呼ばれ、中には大根の葉が詰められているものもあります。一同が揃うと新婚の家に行き、「この嫁はん、いつもろた、三月三日の朝もろた、イワシ三尾、酒五合、新米藁で祝いましょう」と新婚夫婦を祝いながら、ドテンコを地面に叩きつけ、叩き終わったらドテンコを新婚の家の屋根に放り投げます。他府県から何も知らずに上比曽に嫁に来ると、何が起こっているのか困惑の極みでしょう。

ドテンコ。中には大根の葉が詰められているものもある

十一月五日

宝泉寺

東吉野村小川（地図210頁F－1）
近鉄榛原駅下車　奈良交通バス大又行き鷲家口下車　徒歩10分

天誅義士祭《てんちゅうぎし》

天誅組の変を今に伝える志士の供養法会

天誅組の変の翌年から百数十年、毎年続けられている法要

幕末の文久三年（一八六三）、公卿中山忠光を首領とする尊王倒幕の激派が大和五條代官所を襲撃し代官を殺害した、世に言う天誅組《てんちゅうぐみ》の変が起こりました。京都で八月十八日の政変が起こったため、挙兵は失敗に終わり、高取城の戦いにも敗れた天誅組の一党は、東吉野へと追い詰められていきました。紀州藩、彦根藩などの諸藩に包囲された中、一人一人討ち取られていった天誅組の志士の遺骸は、東吉野の土地の人たちの手で葬られました。以来、天誅組が壊滅した鷲家口《わしかぐち》にある宝泉寺で、志士たちの法要が続けられています。東吉野村天誅組顕彰会の会長が弔意の「祭文」を読みあげます。近年、人が集まりにくくなったため、夜間の法要になっています。

天誅義士が葬られた明治谷《みょうじだに》墓所。右より、吉村寅太郎、那須信吾、宍戸弥四郎の墓

天誅義士の位牌。明治の世になってからは、天誅組の変は武力倒幕の魁として顕彰されるようになった

十一月二十三日（不定期）

下部《おりべ》神社

奈良市都祁吐山町（地図208頁F－1）
近鉄榛原駅下車　奈良交通バス針インター行き吐山下車　徒歩5分

吐山《はやま》の太鼓踊り

雨乞いの太鼓踊り

県指定無形民俗文化財

かつて、旧都祁《つげ》村の吐山では、吐山城跡に祀る龍王へお参りをするなどの雨乞いをして、それでもなお雨が降らない場合に行われたのが雨乞踊りでした。それゆえ、よほどの旱魃でないと滅多には行われない踊りだったといいます。

吐山の垣内が一体となって奉納する太鼓踊りは、大太鼓を一列に並べて踊りながら打ちます。踊りには千田《ひんだ》踊、宝踊、鎌倉踊、松虫踊、糸屋踊、長崎踊などが伝承されています。平成十九年（二〇〇七）には七年ぶりに下部神社秋の例祭に奉納されました。

太鼓踊りは練習を兼ねて、公民館での催しなどでも披露されている

太鼓踊り奉納の行列

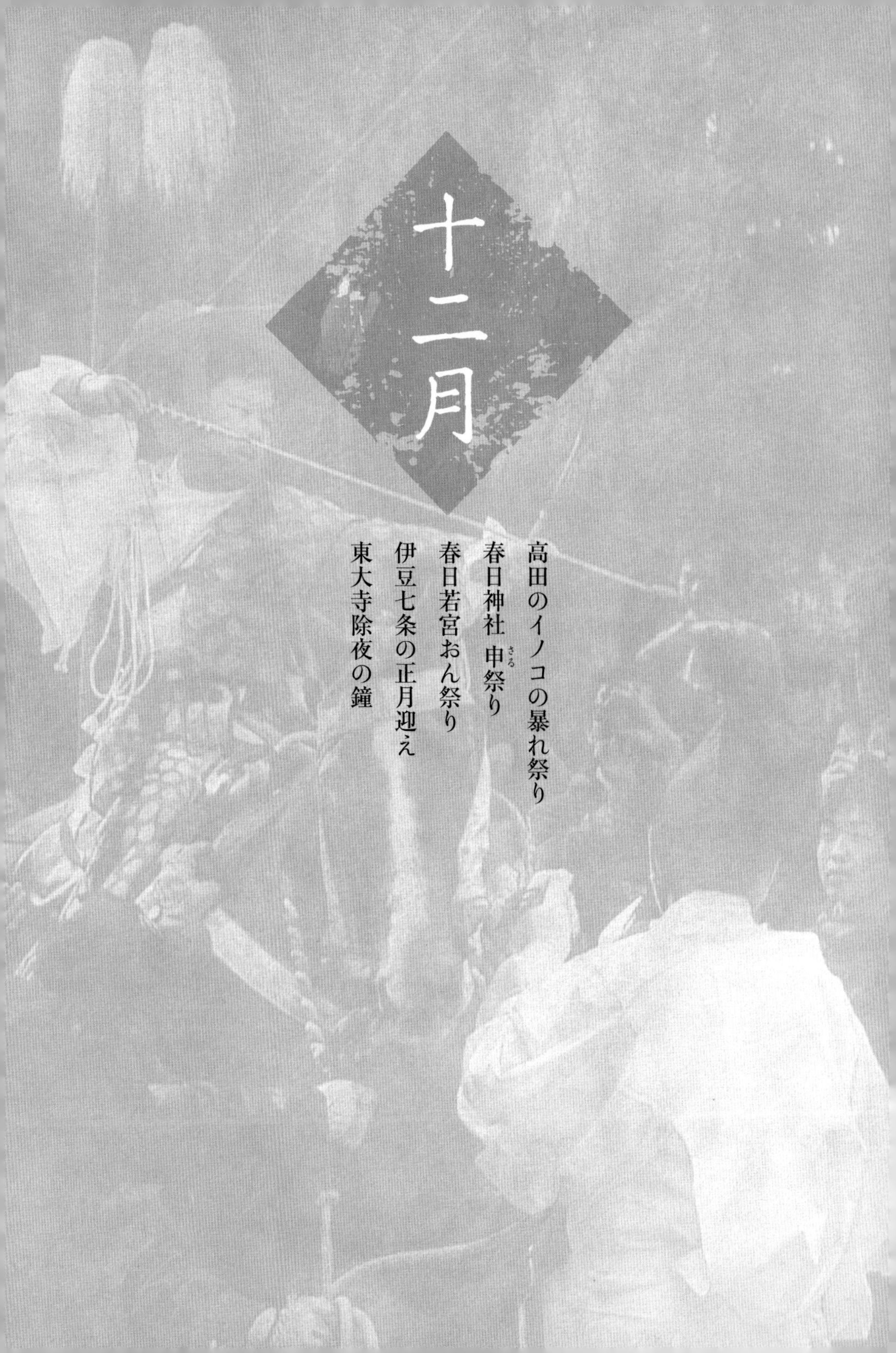

十二月

高田のイノコの暴れ祭り
春日神社 申《さる》祭り
春日若宮おん祭り
伊豆七条の正月迎え
東大寺除夜の鐘

十二月第一日曜

高田のイノコの暴れ祭り

暴れ放題のイノコアラシ

高田区

桜井市高田（地図209頁Ｄ－３）
ＪＲ・近鉄桜井駅下車　徒歩30分

県指定無形民俗文化財

青竹で組まれたヤグラに農具のミニチュアが掛けられている。この後、無茶苦茶に壊される

この時季に行われるイノコ（亥の子）は、上比曽のイノコ（189頁）のように藁で作られた棒などで地面を打つことが多いですが、高田のイノコは、氏神である山口神社の一連の祭礼行事の中の一環で、子どもたちが暴れまくることから「暴れ祭り」と呼ばれています。子どもが、青竹で組んだやぐらにぶら下がっている木槌などの農具のミニチュアを、足で踏みつけ壊します。その後の直会では、膳を蹴飛ばしたり、投げつけたりします。さらに、神棚の灯明に藁の束を投げつけて灯を消します。大人がつけるとすぐにまた一斉に藁束が飛び、消されます。

子どもたちによる燈明消し。燈明めがけて藁束を投げつけ、灯を消す

この暴れ祭りが注目されますが、この暴れを迎えるまでに、頭屋はさまざまな準備をしなければなりません。二軒の頭屋（年長者が大頭屋、年齢の若い方を小頭屋と呼びます）が一年間にわたって、山口神社の清掃や管理をします。大頭屋の家には山口神社の分霊を祀った屋形を安置して、毎朝、灯明をあげてお勤めをします。暴れ祭りが近くなると、子どもたちによって壊される運命にある農道具やお仮屋を作り、直会で蹴散らされる膳を作ります。

暴れが終わると、分霊を祀る屋形を抱えた二人の頭屋は真っ暗な道を無言で山口神社へ向かいます。この

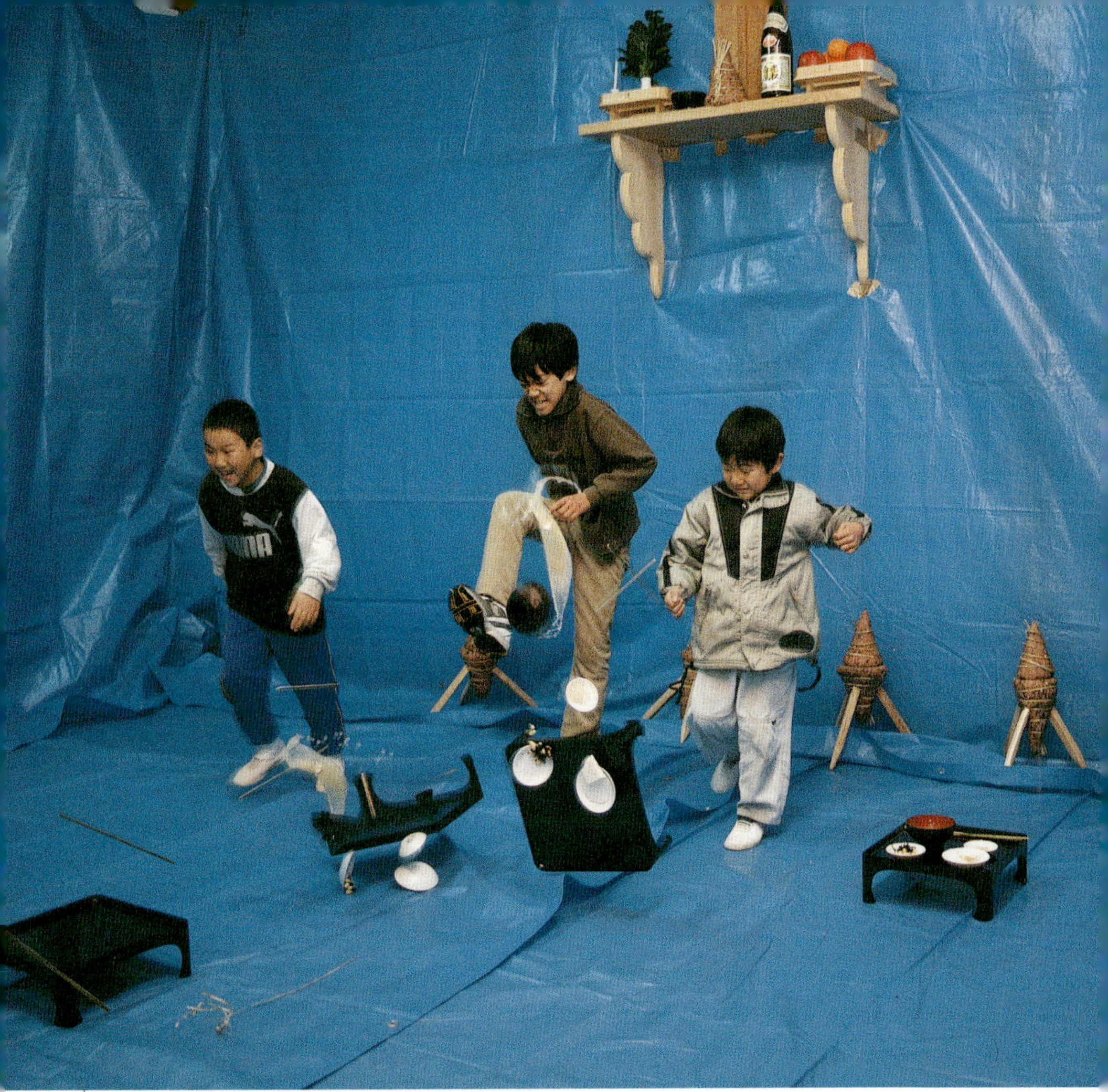

膳を蹴散らす子どもたち。このようなことを家ですると、お母さんに大目玉をくらうであろう。この日ばかりの大暴れである。後ろの三角錐の形の餅米は「ハチマキメシ」と呼ばれている

神送りは誰とも顔を合わさずに無言で行われます。屋形の中の分霊の御幣を新しいものに取り替え、次頭屋の家に屋形を持って行き、頭屋の引き継ぎが行われます。この「御分霊の遷しまし」と呼ばれる儀式は見学できません。

山口神社に供えられた吉野川の小石。これを奉納するのも頭屋の役目である

十二月中旬の申の日

春日神社

山添村春日（地図206頁H－3）
JR・近鉄天理駅下車　三重交通バス上野産業会館行き春日下車　徒歩10分

申《さる》祭り

大和高原で披露される師走の芸能

山添村の春日神社で行われる申祭りは、神事が終わると盛大に直会が開かれます。鮮やかな色合いの神饌は、鶴の子柿、蜜柑、白餅が五十個ずつ盛られ、柿膳とも呼ばれています。大きな鯛や、ハツ（マグロ）も運ばれて料理人によってさばかれます。

境内では、地元菅生の春日春楽社の方々による奉納があり、翁舞、弓矢祝言榊ノ舞、子ども狂言、仕舞などが演じられる中、直会の場では蒟《こん》蒻《にゃく》、里芋、蒲鉾、チクワ、リンゴの五種を串に刺した串肴が配られます。

蒟蒻、里芋、蒲鉾、チクワ、リンゴを刺した串肴

芸能が奉納されている間、参籠所では直会が開かれる

柿膳とも呼ばれる、鶴の子柿、蜜柑、餅が五十個ずつ盛られた神饌

白装束の翁舞。この他、多数の芸能が繰り広げられる

弓矢祝言榊ノ舞

十二月十五〜十八日

春日大社摂社若宮神社

奈良市春日野町（地図207頁D－3）
近鉄奈良駅下車　徒歩25分

春日若宮おん祭り

生きた芸能祭典、華やかな風流行列、稚児の祭り

奈良人形は、素彫りの木彫に金箔や岩絵具で着色した一刀彫の人形で、奈良の伝統工芸品であるが、その発祥はおん祭りの田楽法師の花笠である

国指定重要無形民俗文化財

大和の年中行事を称して、「祭り初めはちゃんちゃん祭り（大和《おおやまと》神社）、祭り納めはおん祭り」といわれ、奈良の一年を締めくくるような行事になります。若宮の御祭神は、春日大社本社の御子神として、長保五年（一〇〇三）に御出現になり、保延元年（一一三五）に時の関白藤原忠通公が万民救済を願って若宮社を現在地に造営しました。その翌年におん祭りは始まり、以後、五穀豊穣、万民安楽を祈って大和一国を挙げて盛大に執り行われ、現在まで途切れることなく続いています。

十五日には、奈良市餅飯殿《もちいどの》町にある大宿所《おおしゅくしょ》で、大宿所祭があり、十七日のお渡りで用いられる装束や野太刀などの武具が披露されます。「懸物」と呼ばれる鮭や鯛や雉が供えられています。

影向の松の前に座る頭屋稚児《とうやのちご》。昔は興福寺の学侶から選ばれた稚児が務めていたが、明治の廃仏毀釈で廃絶した。平成15年に130年ぶりに復興された。

十六日には、若宮社の社前で宵宮祭があります。流鏑馬児《やぶさめのちご》や大和士《やまとざむらい》が若宮に参拝し、また田楽座が本社と若宮社で田楽を奉納します。

十七日、午前零時に若宮神は若宮社から出御されて、春日大社一の鳥居の東にある御旅所へ神幸します。灯火をすべて消した浄闇の中、御

おん祭りの行列。春日大社一の鳥居をくぐる馬長児《ばちょうのちご》

御旅所の仮御殿は、松葉で葺いた屋根、黒松の千木《ちぎ》、白土で塗られた壁など、原初の春日造とされ、大柳生の片岡家によって代々作られている

旅所に入御されると巫女神楽が奉納されます。正午から、芸能を演じる人々など総勢千人近くが御旅所へ社参する、華やかなお渡り式になります。平安時代から江戸時代に至る風俗を身に纏ったお渡りの行列は、第一番 日使《ひのつかい》、第二番 神子《みこ》、第三番 細男《せいのお》・相撲、第四番 猿楽、第五番 田楽、第六番 馬長児《ばちょうのちご》、第七番 競馬、第八番 流鏑馬《やぶさめ》、第九番 将《いさせ》馬《うま》、第十番 野太刀他、第十一番 大《やま》和《と》士《ざむらい》、第十二番 大名行列と続きま

参道で行われる稚児による流鏑馬《やぶさめ》。子どもが重要な役を担うのも、おん祭りの特色である

す。県庁前を出発した行列は登大路や三条通を練り歩き、興福寺南大門前で交名《きょうみょう》の儀、一の鳥居の横にある影向《ようごう》の松にいる頭屋稚児《とうやのちご》の前で芸能の一節を披露する松の下式が行われます。参道では、稚児による流鏑馬が行われます。

　御旅所の仮御殿は、松葉で葺いた屋根、黒松の千木《ちぎ》、白土で塗られた壁など、原初の春日造とされ、大柳生の片岡家によって代々作られています。社参の行列が御旅所に練り込むと御旅所祭が始まり、左右に鼉太鼓《だだいこ》が据えられた芝舞台で、神楽、東遊《あずまあそび》、田楽、細男《せいのお》、神楽式（翁舞）、舞楽と、夜十時半頃まで延々と芸能が奉納されます。最後の舞楽が終わると、若宮神は若宮社へ還幸されます。若宮神には門限があり、二十四時間以内に戻らなければならないことになっているため、午前零時までに若宮社に還ります。

　翌十八日には、若宮神の還御されたあとの御旅所で奉納相撲と、後宴能があります。

東遊《あずまあそび》。青摺の袍に太刀を佩き、巻纓の冠をいただいた舞人四人が「駿河舞」と「求子舞」の二曲を舞う。東遊も舞うのは子どもである

篝火の焚かれる中、夜遅くまで舞楽が奉納される。赤色系統の装束を着ける左舞（唐楽）と緑色を基調とした装束を着ける右舞（高麗楽）が交互に十曲舞われる

細男《せいのお》は、他に遺例がなく貴重なものとして有名

十二月三十一日

伊豆七条町

大和郡山市伊豆七条町（地図207頁C－4）
近鉄筒井駅下車　徒歩30分

大晦日の晩に聞こえる
「フクマールコッコッコー」

伊豆七条の正月迎え

大晦日の夜、伊豆七条町では子どもが長い竹を持って地区の全戸を巡る行事があります。各家では藁を用意して待っており、子どもがやってくると火を点け、子どもはその火へ竹の先を向けて、「フクマール、コッコッコー」と、燃えつきるまで唱えます。終わると家の人がお駄賃やお菓子などを子どもに渡し、次の家へと回っていきます。全戸を回ると二時間半ぐらいかかります。かつては男子だけで行われていましたが、少子化を反映して平成二十年（二〇〇八）より女子も参加できるようにして、伝統を継承しています。

「フクマールコッコッコー」と唱えながら焚き上げ、新年を迎える伊豆七条町

十二月三十一日

東大寺大鐘楼

奈良市雑司町（地図207頁D－2）
近鉄奈良駅下車　徒歩25分

平城京の昔から南都に響き続けている東大寺の大鐘

国宝の大鐘を撞いて年越し
東大寺 除夜の鐘

俗に「奈良太郎」とも呼ばれる国宝の梵鐘の音色は温かく、身体の芯まで響いてくるようです。天平勝宝四年（七五二）に鋳造したといわれる梵鐘は、総高三・八六メートル、口径二・七一メートル、重量二六・三トンといわれ、撞木の長さも四・四八メートルあり、東大寺に相応しい大鐘です。また、大鐘楼も国宝で、鎌倉時代に重源上人の後を継ぎ大勧進として東大寺の復興に尽力した栄西禅師の再建になります。

梵鐘を一般の人が撞くことができるのは除夜の鐘だけです。篝火を焚いた鐘楼の前には約八百枚の整理券が出され、八人組で順に撞いていきます。貪欲・瞋恚《しんい》・愚痴など、さまざまな煩悩を取り払い、新たな気持ちで新春を迎える鐘撞きは百八つ。鐘撞きを終えた参拝者は二月堂、大仏殿、手向山八幡宮、春日大社へと初詣に向かいます。

民俗用語解説

◆**しゅしょうえ・しゅにえ【修正会・修二会】** 前年の収穫を感謝し新年の豊作を祈願する行事。正月に行われるのが修正会で、二月に行われるのが修二会。仏に罪過を懺悔《さんげ》する悔過が中心になっている法会で、民間ではオコナイともいう。民俗行事と習合して、結願《けちがん》の日に特色のある行事が行われることが多い。御所市吉祥草寺の茅原の大トンドや、念仏寺陀々堂の鬼走りは修正会の結願に行われ、法隆寺西円堂や長谷寺では修二会の結願に際し鬼が登場する。県外では、岡山市の西大寺会陽、大阪市の四天王寺どやどや、京都市の法界寺裸踊りなどの行事がある。

◆**けか【悔過】** 罪過を懺悔するという意味の仏教語。みずからが犯した身口意《しんくい》（身体と言葉と心）の三業《さんごう》の罪過を懺悔して、福徳円満や安寧を祈る儀式。大寺院では、国家安穏などの国家レベルの祈願が行われた。悔過法会の本尊によって、薬師悔過、吉祥悔過、阿弥陀悔過、十一面悔過などの種類がある。

◆**れんぞ【レンゾ】** 奈良盆地を中心にして行われる春先の農休みのこと。大体三月から五月にかけての特定の一日を休みとする。たいてい、その地域の寺社の祭礼に合わせてレンゾの日が決まっている。水田の耕作が始まろうとする一つの節目である。法隆寺レンゾ、おやまとレンゾ、神武さんレンゾ、三輪レンゾ、お大師さんレンゾ、久米レンゾ、當麻レンゾなどがある。

◆**むしおくり【虫送り】** 稲につく害虫を追い払う行事。虫追い・虫祈禱などともいう。虫送りの対象となる虫のほとんどはウンカで、被害の大きかった西日本では特に盛んであったが、現在ではほとんど廃れている。村人が地域の社寺で神事や法要を行った後、松明の火を焚き、鉦を鳴らし、太鼓を叩きながら行列を組んで水田を巡り、虫を集めて村境まで送り出すという方式が一般的。災厄をもたらす悪霊をしずめ、農作物の無事を祈願する虫供養の趣旨で行われることもある。サネモリ（斎藤実盛）などの藁人形が登場することもある。

◆**おたびしょ【御旅所】** 祭りに際し、祭神が神輿などで氏子地域を巡って神幸し、仮に遷座する場所。頓宮、お仮屋などと呼ばれることもある。御旅所へ向かうことを遷幸、御旅所から本社へ戻ることを還幸という。その道順は通常一定しており、厳重に守られている。専用の建物を常設する（京都・八坂神社祇園祭）、摂末社や特定の神社を利用する（大和神社ちゃんちゃん祭り）、特定の氏子の家を選定する（生駒山口神社のオハキ）、その都度臨時の建物を設営する（春日若宮おん祭り）などの形態がある。

◆**みやざ【宮座】** 一定の資格を有する人間が、神仏の前に一座して祭りを行う組織。座、座講など、土地によりさまざまな呼ばれ方をしているが、学術用語として宮座と呼称している。近畿地方やその近隣で一般的に見られ、中国・四国・北九州地方に比較的多く見られる。宮座の構成員は原則として男性である。特定の家の者だけが構成員の資格を有して世襲する場合や、一定の条件を満たしていれば座に入ることができる場合もある。宮座への加入順に序列が決まるのが一般的で、年長の者に権威があり、最上位の者を一老、次位の者を二老などという例が多い。また、家として序列が決まっていて、世襲的に固定されている場合もある。別に、祭祀執行の担い手となる頭屋（当屋）を構成員が、年交替で順番に担当する。宮座は明治以降の国家神道のもとで存在を弱め、戦後の農地改革で経済的基盤が失われ、高度経済成長期に解体が進んでいるが、古い形態を維持して根強く続いている例が多い。

◆**とうや【頭屋】** 祭礼や神事、講などの行事に際して、一定の任期（通例一年）でその主宰をしたり、準備や世話をする中心的な人。またその人の家。歴史的には、「頭」という字に事柄の主宰者や責任者の意味があり、頭人・頭屋という呼称が生じたが、近世以降、当番制・交替制に重点がおかれるようになってから、当人・当屋・当家という表現も使われるようになった。大柳生では「明神さん」と、氏神の分霊そのものの名前で呼ばれており、そのような祭礼の主宰者としての重い位置付けがある場合もあるが、一方、行事の日だけの単なる当番という軽い位置付けの場合もあり、その役割は行事によって一定でない。頭屋の順番は、宮座への加入順や年齢順、特定の家が順番に担う場合などがある。頭屋をつとめる年齢はいろいろであるが、子供の場合は氏子として、家長の場合には家の代表者として、老人の場合には長老として、それぞれ一人前であることを認められる機会であり、地区構成員としての重要な通過儀礼といえる。

◆**いちねんかんぬし【一年神主】** 村人の中から選出し、一年間神主をつとめ神事を主宰する者。ネギ（祢宜）などともいう。献燈、献饌、祝詞奏上、境内の清掃などの任務が課せられる。頭屋と重なる部分もあるが、一年神主はあくまで神に侍し、その世話を担当することを第一とする。頭屋と同様に潔斎や禁忌があるが、より厳格な所業を求められる。

◆**しんせん【神饌】** 神社での祭儀などにおいて神に献ぜられる飲食物などのこと。素材や調理などに清浄が重視される。一般的にどこの神社でも献ぜられている神饌とは別に、各神社に伝承されている神饌を特殊神饌と呼んでいる。

◆**なおらい【直会】** 祭りに参加した人たちが、供物を下げて食べる宴。神事が終了し、日常生活に立ち戻る意味もある。神人共食の宴であり、ラクサクなどとも呼ばれる。神饌には定められた食品が用いられることが多いが、直会にはその制約がない。そのため直会の献立にも品目を定めて、伝承されている場合もある。

『日本民俗大辞典』（二〇〇〇、吉川弘文館）などを参照

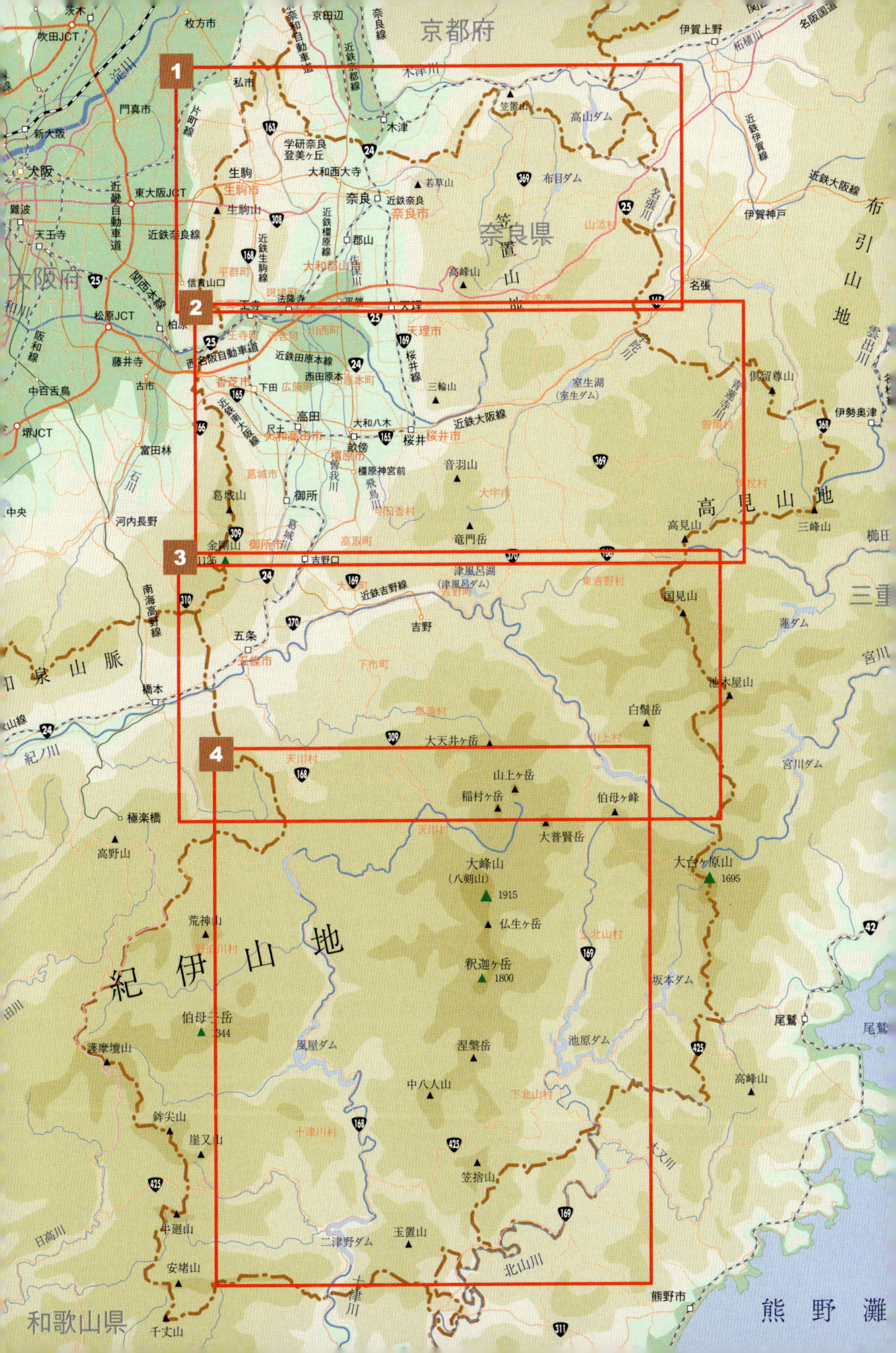

1
2
3
4
京都府
奈良県
大阪府
和歌山県
三重
枚方市
吹田JCT
淀川
門真市
新大阪
大阪
東大阪JCT
難波
天王寺
近鉄奈良線
松原JCT
藤井寺
中百舌鳥
堺JCT
古市
富田林
河内長野
中央
南海高野線
橋本
紀ノ川
和泉山脈
極楽橋
高野山
京田辺
近鉄京都線
奈良線
片町線
私市
木津川
木津
学研奈良登美ケ丘
大和西大寺
生駒
生駒市
生駒山
近鉄生駒線
奈良
近鉄奈良
奈良市
若草山
郡山
近鉄橿原線
佐保川
大和郡山市
平群町
信貴山口
法隆寺
王寺
天理
天理市
桜井線
笠置山
高山ダム
布目ダム
山添村
名張川
笠置山地
高峰山
名張
伊賀上野
柘植川
近鉄伊賀線
伊賀神戸
近鉄大阪線
布引山地
雲出川
伊勢奥津
倶留尊山
曽爾村
御杖村
三峰山
高見山地
高見山
櫛田
室生湖
（室生ダム）
宇陀川
三輪山
桜井
桜井市
大和八木
畝傍
橿原市
橿原神宮前
大和高田市
高田
尺土
香芝市
下田
広陵町
西田原本
田原本町
近鉄田原本線
西名阪自動車道
近鉄南大阪線
葛城市
葛城山
御所
御所市
金剛山
1125
吉野口
高取町
明日香村
音羽山
竜門岳
大宇陀
曽我川
飛鳥川
葛城川
津風呂湖
（津風呂ダム）
近鉄吉野線
吉野
吉野町
大淀町
東吉野村
国見山
蓮ダム
池木屋山
白髭岳
川上村
宮川ダム
宮川
五条
五條市
下市町
黒滝村
大天井ヶ岳
天川村
山上ヶ岳
稲村ヶ岳
伯母ヶ峰
大普賢岳
天ノ川
大台ヶ原山
1695
大峰山
（八剣山）
1915
仏生ヶ岳
釈迦ヶ岳
1800
上北山村
坂本ダム
尾鷲
池原ダム
高峰山
涅槃岳
中八人山
下北山村
風屋ダム
十津川村
笠捨山
玉置山
二津野ダム
北山川
十津川
熊野市
熊野灘
荒神岳
野迫川村
紀伊山地
伯母子岳
1344
護摩壇山
鉾尖山
崖又山
牛廻山
安堵山
千丈山
日高川

37 P.130 大柳生の太鼓踊り
38 P.160 夜支布山口神社 秋祭り
39 P.15 大柳生のカンジョウカケ
40 P.164 長尾神社の相撲
41 P.159 柳生の宮座行事
42 P.166 狭川の神事芸能
43 P.15 戸隠神社のカンジョウカケ
44 P.165 水越神社の相撲（邑地の神事芸能）
45 P.49 今井堂天満神社のオンダ
46 P.60 矢田原の子ども涅槃
47 P.110 元薬寺のゲー
48 P.150 題目立
49 P.97 針ヶ別所の虫送り
50 P.104 龍王祭
51 P.86 弁天一万度祭
52 P.181 石打の太鼓踊り
53 P.54 八王神社 和布祭り
54 P.180 室津の神事芸能
55 P.196 春日神社 申祭り
56 P.177 オトナ祭り
57 P.170 神波多神社 天王祭
58 P.133 神明神社 風の祈祷
59 P.140 不動寺の御膳
60 P.142 観音寺 観音講会式
61 P.186 国津神社 ふる祭り
62 P.98 無山の虫送り
63 P.98 染田の虫送り
64 P.98 小原の虫送り
65 P.98 下笠間の虫送り

1	P.58	春日大社 春日祭
2	P.59	春日大社の御田植神事
3	P.198	春日若宮おん祭り
4	P.30	若草山山焼き
5	P.49	手向山八幡宮の御田植祭
6	P.56	東大寺二月堂修二会
7	P.115	東大寺解除会
8	P.203	東大寺除夜の鐘
9	P.144	采女祭
10	P.100	率川神社 三枝祭り
11	P.74	氷室神社 献氷祭
12	P.25	大安寺光仁会
13	P.66	新薬師寺修二会おたいまつ
14	P.148	奈良豆比古神社 翁舞
15	P.165	奈良豆比古神社の相撲
16	P.65	法華寺雛会式
17	P.82	芝辻町のノガミ
18	P.82	法蓮東垣内のノーガミ
19	P.82	法蓮佐保田のノーガミ
20	P.48	菅原神社のオンダ
21	P.90	唐招提寺うちわまき
22	P.158	倭文神社 蛇祭り
23	P.174	下山町の当家祭
24	P.32	登弥神社 筒粥祭
25	P.132	賣太神社 阿礼祭
26	P.172	山田のでんでらこ
27	P.173	小泉神社 秋祭り
28	P.165	小泉神社摂社九頭神社の相撲
29	P.70	番条のお大師さん
30	P.87	叡尊生誕祭
31	P.202	伊豆七条の正月迎え
32	P.169	菅原神社 秋祭り宵宮
33	P.154	往馬大社の火祭り
34	P.13	椣原の綱掛神事
35	P.146	櫟原のオハキツキ
36	P.34	朝護孫子寺鬼追い式

35	P.62	大和神社 ちゃんちゃん祭り
36	P.49	大和神社のオンダ
37	P.102	石上神宮 神剣渡御祭（でんでん祭）
38	P.81	平等坊のノガミサン
39	P.136	倭恩知神社 シンカン祭
40	P.39	江包・大西のお綱祭り
41	P.81	箸中のノグチサン
42	P.10	大神神社 繞道祭
43	P.48	大神神社のオンダ
44	P.68	春の大神祭
45	P.116	綱越神社おんぱら祭り
46	P.194	高田のイノコの暴れ祭り
47	P.188	談山神社 けまり祭
48	P.72	八講祭（談山神社）
49	P.72	八講祭（満願寺）※8年に一度
50	P.15	上仁興のカンジョウカケ
51	P.47	小夫天神社のオンダ
52	P.52	長谷寺だだおし
53	P.22	平尾のオンダ
54	P.83	野依のオンダ
55	P.71	吐山のオンダ
56	P.191	吐山の太鼓踊り
57	P.105	都祁山口神社 おせんどう
58	P.92	いっぱいだまし
59	P.138	歓楽寺ボタモチ籠り
60	P.139	歓楽寺金剛地蔵会式
61	P.176	海神社 いさめ踊り
62	P.182	白山神社 秋祭り
63	P.152	曽爾の獅子舞

1 P.106 龍田大社 風鎮大祭
2 P.42 廣瀬大社 砂かけ祭り
3 P.43 子出来オンダ
4 P.81 下永のキョウ
5 P.184 櫛玉比女命神社 戸立祭
6 P.15 広瀬天神社の綱打ち
7 P.46 十二社神社のオンダ
8 P.49 倭文神社のオンダ
9 P.47 當麻山口神社のオンダ
10 P.88 傘堂祈願
11 P.89 當麻寺聖衆来迎練供養会式
12 P.47 長尾神社のオンダ
13 P.69 チンポンカンポン祭り
14 P.112 笛吹神社 十二振提灯献灯
15 P.48 笛吹神社のオンダ
16 P.111 御所の献灯行事
17 P.78 野口神社 汁かけ祭り
18 P.113 立山祭り
19 P.16 茅原の大トンド
20 P.107 奥田の蓮取り行事
21 P.124 東坊城のホーランヤ
22 P.80 五井町のノガミ
23 P.101 すももの荒神さん
24 P.76 地黄のススツケ行事
25 P.96 シャカシャカ祭り
26 P.114 お峯のデンソソ
27 P.47 畝火山口神社のオンダ
28 P.75 久米寺練供養
29 P.14 見瀬八幡神社のカンジョウカケ
30 P.35 飛鳥坐神社のオンダ
31 P.46 鏡作神社のオンダ
32 P.94 鍵の蛇巻き
33 P.95 今里の蛇巻き
34 P.47 池神社のオンダ

E
F
G
H
370
166
吉野山口神社
菅生寺
津風呂川
津風呂湖
鷲家口
8
東吉野村
宝泉寺
9
木津川薬師堂
高見川
丹生川上神社中社
三重県
吉野歴史資料館
宮滝遺跡
10
浄見原神社
象山
桜木神社
大滝ダム
蜻蛉の滝
吉野川
川上村
丹生川上神社上社
高原氏神神社
11
12
金剛寺
大天井ヶ岳
龍泉寺
山上ヶ岳歴史博物館
洞川
大峯山寺
山上ヶ岳
稲村ヶ岳
笙ノ窟
8 P.190 天誅義士祭
9 P.134 木津川の祈禱念仏
10 P.50 浄見原神社国栖奏
11 P.122 高原の法悦祭
12 P.36 御朝拝式

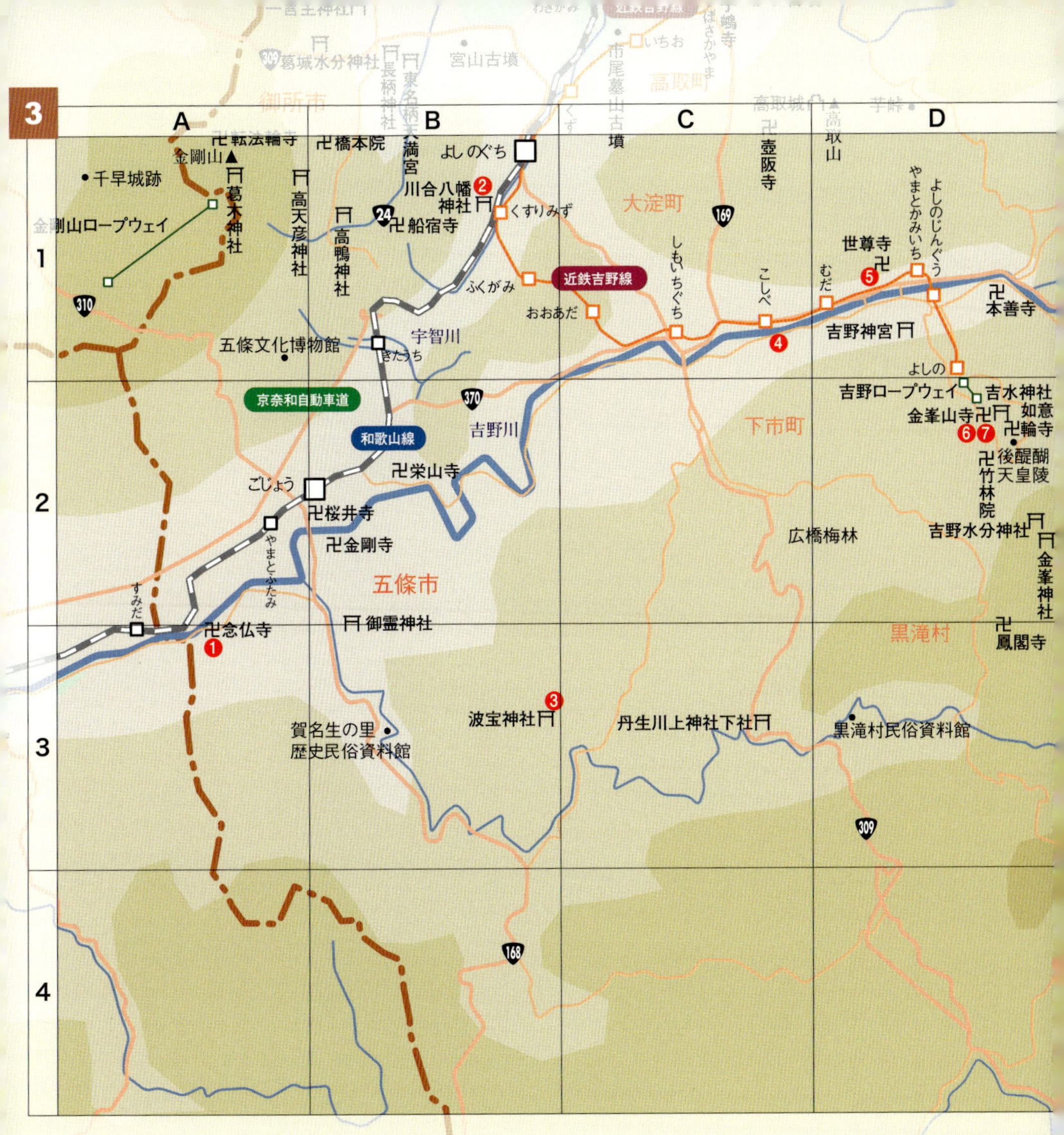

❶ P.18 念仏寺陀々堂の鬼走り

❷ P.157 川合八幡神社 ヒキアイモチ

❸ P.137 波宝神社 岳祭り

❹ P.114 お峯のデンソソのお水取り

❺ P.189 上比曽のイノコ

❻ P.33 金峯山寺鬼の調伏式

❼ P.108 金峯山寺蓮華会（蛙飛び行事）

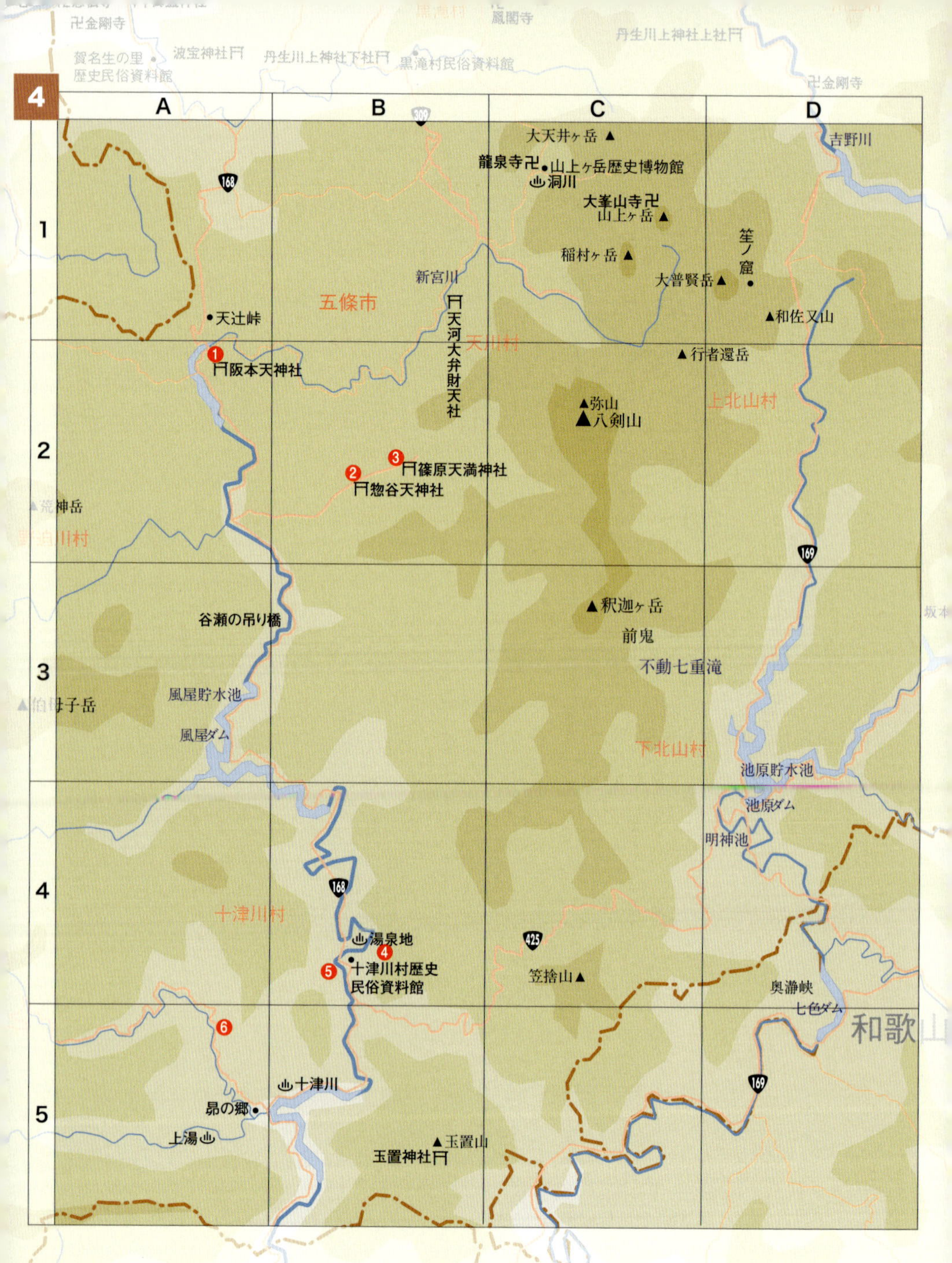

1 P.128 阪本踊り
2 P.28 惣谷狂言
3 P.26 篠原踊り
4 P.118 武蔵の大踊り
5 P.118 小原の大踊り
6 P.118 西川の大踊り

あとがき

村の祭りが消えていく。少子化や人員の不足、費用の削減などで祭りの形式が徐々に変化している。祭りの現状を早期に記録しなければと思い立ち、平成十四年秋には早期定年退職を敢行、サラリーマン生活にピリオッドをうって取材に専念した。既に廃止された祭礼も多々あり、もっと早く行っておけばよかったと悔やまれる。

祭りの写真を撮り始めたのは火の祭りからだった。観光案内などで知らされている祭り、行事に出かけては写真を撮っていた。その後、撮影対象は農耕民俗行事のオンダや野神行事に移っていき、さらに、太鼓踊りや田楽などの伝統芸能、カンジョウカケや虫送り行事などへと広がっていった。民俗行事を取材していると見るのも聞くのも初めてということが多く、聞き取りはいつしかノートに記録するようになり、祭礼具などは絵も書いた。取材対象が広がるにつれ、ノートは取材の必需品になってきた。そのようにして取材した祭りや行事は現在、およそ七百程度になる。『奈良大和路の年中行事』で紹介したのはそのうちの四分の一程度である。誌面の関係で載せられなかった多くの祭礼記録が手元に残ったことが辛い。奈良県には知られざる祭礼や行事、民間信仰などがまだまだあり、これからも一層の取材に励みたい。

発刊に際して奈良県立民俗博物館学芸課の鹿谷勲氏、淡交社編集局の安井善徳氏には随分ご指導を賜りました。また、取材させていただいた方々も含めここに厚く御礼申しあげます。また、野に放ってくれた家族には、心から感謝する次第です。

二〇〇九年七月　　　田中眞人

索引

田中 眞人（たなか・まこと）

1951年大阪市生まれ。会社勤務の傍ら、1996年から奈良の火祭りの写真を撮り始め、2001年からインターネットホームページ「ならグルグル散歩」で撮影した写真の公開を始める。2002年、民俗行事の写真記録に後年の生涯を賭けようと退職。2003年からは大和郡山市市民交流館の臨時職員として勤務しながら県下全域を巡る。

ならグルグル散歩
http://www.geocities.jp/nrgrsan2003/

参考文献

- 鹿谷 勲『やまとまつり旅—奈良の民俗と芸能—』（やまと崑崙企画／2001年）
- 高田健一郎『大和の祭り』（向陽書房／1991年）
- 野本暉房『奈良大和の祭り』（東方出版／2009年）
- 星野 紘・芳賀日出男監修『日本の祭り文化事典』（東京書籍／2006年）
- 入江泰吉『入江泰吉の大和路5祭と歳時記』（小学館／1996年）
- 北條秀司『奇祭巡礼』（淡交社／1969年）
- 北條秀司『奇祭風土記』（淡交社／1971年）
- 田中義広『日本の祭り事典』（淡交社／1991年）
- 奈良商工会議所編『奈良まほろばソムリエ検定公式テキストブック』（山と渓谷社／2007年）
- 樽井由紀「大和のノガミ行事」（『奈良女子大学大学院人間文化研究科年報』第20号／2005年）
- 藤木 愛「オンダ行事の伝承地と稲作農事暦」（『日本民俗学』第255号／2008年）
- 上田喜江「奈良県東部山間地域の祭礼とその組織」（『奈良学研究』第10号／2008年）

奈良大和路の年中行事

2009年10月10日　初版発行

写真・文……田中眞人
協　力……鹿谷　勲
発行者……納屋嘉人
発行所……株式会社 淡交社

本社　京都市北区堀川通鞍馬口上ル
〔営業〕075-432-5151〔編集〕075-432-5161
支社　東京都新宿区市谷柳町39-1
〔営業〕03-5269-7941〔編集〕03-5269-1691
http://www.tankosha.co.jp

印刷・製本……図書印刷株式会社

ISBN978-4-473-03597-4